Sprüche klopfen kann jeder. Noch besser ist es, wenn man weiß, was man da eigentlich so nonchalant von sich gibt. Modewörter, Slang und Redensarten sind manchmal voller Überraschungen. Der Kabarettist und Hörfunkautor Christoph Tiemann verfolgt die Spuren von Worten und Sprüchen – und wenn er zu den erstaunlichen Geschichten seinen Senf dazugibt, sitzt ihm zuweilen der Schalk im Nacken. In seiner Sammlung befinden sich Redensarten wie «etwas von der Pike auf lernen» oder «über die Wupper gehen», aber eben auch Slang-Wörter wie A.C.A.B. und It-Girl. Eine rasante und witzige Reise in die Welt der Redewendungen!

Christoph Tiemann ist ein professioneller Quereinsteiger: Vom Ruhrgebiet übersiedelte er ins Münsterland, wo er seit über zehn Jahren lebt und arbeitet. Vom Psychologiestudium wechselte er in die Religionswissenschaft, vom Campus-Radio in den WDR, von der studentischen Theatergruppe landete er an den Städtischen Bühnen Münster und dem Theater Oberhausen. Er tourt mit seinem eigenen Kabarett-Programm durch Deutschland und moderiert seit einigen Jahren den Münsteraner Science Slam. Seit 2009 geht er jeden Montag in der Sendung «Tiemanns Wortgeflecht» auf WDR 5 Redensarten und Wortursprüngen nach.

Christoph Tiemann

GEBRATENE STÖRCHE MIT PHATTEN BEATS

Redewendungen und
Wortneuschöpfungen auf der Spur

Rowohlt Taschenbuch Verlag

© WDR, Köln
Agentur: WDR mediagroup GmbH

Originalausgabe
Veröffentlicht im Rowohlt Taschenbuch Verlag,
Reinbek bei Hamburg, Juli 2014
Copyright © 2014 by Rowohlt Verlag GmbH,
Reinbek bei Hamburg
Fotos im Innenteil: Hanno Endres
Lektorat: Ana González y Fandiño
Umschlaggestaltung ZERO Werbeagentur, München
(Umschlagabbildung: © FinePic, München)
Satz aus der The Serif (InDesign)
bei Pinkuin Satz und Datentechnik, Berlin
Druck und Bindung CPI books GmbH, Leck
Printed in Germany
ISBN 978 3 499 62871 9

Das für dieses Buch verwendete FSC®-zertifizierte Papier
Lux Cream liefert Stora Enso, Finnland.

Für meine Mutter,
die mich lehrte, Bücher zu lieben.

Für meinen Vater,
der mich lehrte, wie man anständig klugscheißt*.

---

* Für mich eines der schönsten Wörter der deutschen Sprache! Wieso die deutsche
  Sprache aber in der Auswahl ihrer Schimpfwörter fast immer ins Klo greift, erfahren
  Sie auf Seite 197.

«Aufgrund meiner philologischen Studien bin ich überzeugt, dass ein begabter Mensch Englisch [...] in dreißig Stunden, Französisch in dreißig Tagen und Deutsch in dreißig Jahren lernen kann.

Es liegt daher auf der Hand, dass die letztgenannte Sprache zurechtgestutzt und repariert werden sollte. Falls sie so bleibt, wie sie ist, sollte sie sanft und ehrerbietig zu den toten Sprachen gestellt werden, denn nur die Toten haben genügend Zeit, sie zu lernen.»

MARK TWAIN IN: *THE AWFUL GERMAN LANGUAGE**

«Deutsche Sprache, schwere Sprache.»
VERFASSER UNBEKANNT

---

* Das Zitat war von Mark Twain hoffentlich ironisch (griechisch *eironeía* – Verstellung) gemeint. Falls nicht, muss es sich bei ihm um einen ungemein sadistischen** Vater gehandelt haben. Denn zwei seiner Töchter schickte er zum Studium nach Berlin, wo ihnen nichts anderes übrigblieb, als Deutsch zu lernen.

** «Sadismus» (die Lust an Qual und Unterdrückung) ist nach dem französischen Autor Donatien Alphonse François de Sade benannt, der Ende des 18. Jahrhunderts Romane verfasste, die vor Sex und Gewalt nur so strotzten.

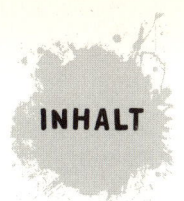

INHALT

NT – NEUER TEIL

DER AUTOR GIBT
SEINEN SENF DAZU

Seitdem ich für WDR 5 jeden Montag den Ursprung von Redewendungen und ungewöhnlichen Wörtern untersuche, kommt
es vor, dass ich über meine eigene Muttersprache stolpere. Mitten
im Gespräch muss ich dann Halt machen und kann nur noch an
diese eine Bezeichnung oder Formulierung denken, die mir früher
gar nicht aufgefallen wäre. Wieso hat eine unleserliche Schrift
zur Folge, dass «kein Schwein» das Geschreibsel lesen kann?
Was haben Schweine mit Schönschrift zu tun? Und sagt man
eigentlich «etwas aufs Tablett bringen» oder «etwas aufs Tapet
bringen»? Was ohne Umweg zu der Frage führt: Was bitte schön
ist ein Tapet? Und wo wir gerade dabei sind: Wieso schreibt man
«sich verfranzen» mit Z? Wer ist eigentlich dieser Schneekönig?
Und warum freut er sich so?

Um Antworten auf solche Fragen zu finden, muss man manchmal erstaunliche Reisen unternehmen. So führt uns die Suche
nach dem Ursprung der «It-Girls» zurück in die Stummfilmzeit,
das einfache Wort «Schmetterling» bringt uns auf die Spur alter
Hexenmythen, und um zu erfahren, wieso wir als Verliebte ausgerechnet «im siebten Himmel» schweben, müssen wir sogar
eine Stippvisite zu König Nebukadnezar ins alte Babylon unternehmen (plattdeutsch *Stipp* – kurzer Zeitpunkt; lateinisch *visita-
re* – besuchen).

Viele unserer Redewendungen sind Überbleibsel einst popu-
lärer Geschichten und üblicher Bräuche, die heute längst in Vergessenheit geraten sind, aber in unserer Sprache immer noch
fortleben. Griechische Mythen, ausgestorbenes Handwerk, bi-

blische Erzählungen, alte Vorstellungen über die Natur – all das finden Sie, wenn Sie unsere Redewendungen genauer unter die Lupe nehmen.

Gebratene Störche und phatte Beats besteht aus einem Alten Teil mit «klassischen Redewendungen» und einem Neuen Teil, in dem Sie Ausdrücke finden, die jünger als 150 Jahre sind – was für ein Wort oder eine Formulierung ziemlich jung ist. Die Beiträge sind darüber hinaus nach ihrer Herkunft zu Gruppen zusammengefasst. So bekommen Sie einen Eindruck davon, welchen Quellen Redewendungen entspringen können, auch wenn jede Redewendung ihre ganz eigene Geschichte hat.

Die Fotos, die Sie im Buch vorfinden, stellen Bilderrätsel dar. Wenn Sie Spaß an so etwas haben, können Sie erst ein wenig herumknobeln, bevor Sie zu der angegebenen Seite blättern, um herauszufinden, welche Bezeichnung oder Formulierung sich hinter dem Bild verbirgt.

Nun aber *in medias res* (lateinisch *mitten in die Dinge hinein*): Der große Dichterfürst (und weniger bekannt: Thüringens Verkehrsminister 1779 bis 1782) Johann Wolfgang von Goethe hat einmal über Etymologie gesagt:

«In jedem Wort klingt der Ursprung nach,
wo es sich herbedingt.»

Manchmal klingt es aber nicht so deutlich nach, wie man es sich wünschen würde. Aber keine Angst – dafür bin ich ja da!

Christoph Tiemann

Übrigens: Die Redewendung «seinen Senf dazugeben» stammt aus einer Zeit, in der die Auswahl an scharfen Gewürzen in Europa begrenzt war. Pfeffer war selten und teuer, erst ab dem 17. Jahrhundert taucht er in größeren Mengen im Gewürzregal auf. Chili, das aus der Neuen Welt kam, fand noch später den Weg in den Lebensmittelhandel. So waren Senf und Meerrettich lange Zeit die einzigen scharfen Gewürze, die in europäischen Küchen zur Verfügung standen.

Für Johannes XXII., einer jener Päpste, die von Avignon und nicht von Rom aus über die Kirche herrschten, nahm der Senf einen derart hohen Stellenwert ein, dass er einen seiner Neffen zum *Grand moutardier du pape*, zum Großen päpstlichen Senfbewahrer, erklärte. Klar, so etwas kann auch nur einem französischen Papst einfallen.

Senf war damals wichtig und wertvoll – aber vor allem oft das einzige scharfe Gewürz in Reichweite. Daher gaben Köche ihn im 17. Jahrhundert einfach zu jeder Mahlzeit als Allzweckwaffe mit dazu, um ihre Speisen ein wenig zu pimpen (→ pimpen). Und zwar ohne Rücksicht darauf, ob Senf zum Essen passte, und völlig unabhängig davon, ob der Gast Senf bestellt hatte oder nicht.

So wie jemand bei einer Unterhaltung seine Meinung zum Besten gibt, ohne überhaupt danach gefragt worden zu sein.

AT – ALTER TEIL

AUS ALTEM BRAUCH
KOMMEN WÖRTER AUCH

Manche Redewendungen funktionieren wie Zeitkapseln. Obwohl sich das Leben um sie herum längst verändert hat, stecken in ihnen Bilder eines jahrhundertealten Alltags oder inzwischen längst ausgestorbene Bräuche.

Immer noch legen wir Geld «auf die hohe Kante», obwohl die Zahl der Betten mit Baldachinen – und somit der in diesem Zusammenhang gemeinten hohen Kanten – stark zurückgegangen ist und die meisten Menschen ihre Ersparnisse eher zur Bank bringen, als sie im Schlafzimmer zu lagern.

Auch «Pferdestärken» dienen nach wie vor als Vergleichsgröße für Motorenleistung, obwohl das Pferd sich längst von einem Nutztier zu einem Statussymbol entwickelt hat.

Seit fast 100 Jahren (mit gelegentlichen diktatorischen Unterbrechungen) gibt es in Deutschland eine Republik, aber noch immer genießt man bei Sonnenschein das «Kaiserwetter», brilliert jemand in einer «Königsdisziplin» und nennt man eine besondere Ehrung einen «Ritterschlag».

Sprache scheint also in einigen Fällen träger zu sein als die gesellschaftlichen Umstände, die das jeweilige Sprachbild erzeugt haben. Redewendungen, die den Benutzern einer Sprache gefallen, werden einfach immer weiter benutzt.

Dieses Phänomen ist keineswegs auf mittelalterliche Bräuche und Handlungen beschränkt. Jeder, der Musik noch auf Tonbandkassetten angehört hat, weiß natürlich, wieso man ein Musikstück *zurückspulen* muss, um an den Anfang des Titels zu gelangen. Wird Musik in Zukunft aber nur noch digital – oder für ganz eingefleischte Fans auf Vinyl – gespeichert, so wird der Zusammenhang mehr und mehr in Vergessenheit geraten.

Auf dem Internet-Videoportal *YouTube* kann man schon heute Kleinkindern dabei zusehen, wie sie frustriert versuchen, die Bilder in einer Zeitschrift mit den Fingern zu vergrößern und wegzuwischen. Ganz so, wie sie es vom Tablet-Computer gewöhnt sind.

In diesem Kapitel lesen Sie also von alten Gewohnheiten, die Eingang in unsere Sprache fanden – und als Redewendung deutlich länger überlebten als die Bräuche selbst.

«Gewohnheit ist der dickste Leim, den ich kenne.»
JAMES FENIMORE COOPER (1789–1851),
AUTOR VON *LEDERSTRUMPF*

Übrigens: Das Wort «Baldachin» leitet sich von Baldach ab, einem alten Namen des heutigen Bagdad. Orientalische Herrscher pflegten unter einem von Dienern getragenen Stoffhimmel dahinzuschreiten. Durch den Handel mit der Republik Venedig gelangte die Idee ab dem 15. Jahrhundert auch nach Europa. Hier wurden die Baldachin genannten Stoffbahnen über hochherrschaftlichen Betten und Thronen angebracht.

«Ihr sollt dem Fahrrad nicht im Hof stehen lassen!
Schreibt euch datt gefälligst ma hinter die Ohren!»

Erwin (56), Hausmeister aus
Gelsenkirchen-Bismarck, hat die Faxen dicke.

HINTER DIE OHREN SCHREIBEN

BEDEUTUNG sich etwas gut merken

HERKUNFT Um den Grenzverlauf von Gemeinden oder Ländereien auch ohne Stift und Papier über Jahre festhalten zu können, wurden Kinder an den Grenzsteinen zünftig geohrfeigt.

Ein unorganisiertes, chaotisches Kind muss sich von seinen Erziehungsberechtigten viel anhören: «Gut, dass dein Kopf angewachsen ist, sonst würdest du den auch noch vergessen!», «Junge, Junge, dich kann man nur zweimal irgendwo mit hinnehmen. Einmal zum Vorstellen und einmal zum Entschuldigen!» Und eben auch den sonderbaren Ausspruch: «Schreib dir das gefälligst hinter die Ohren!» Dabei scheint die knorpelige Rückseite eines Ohres als Schreiboberfläche denkbar ungeeignet zu sein. Und selbst wenn man etwas hinschreiben könnte, wie sollte man es anschließend wieder lesen können? Tatsächlich ist «schreiben» in dieser Redewendung nur ein Euphemismus (griechisch *euphemia* – Worte von guter Vorbedeutung) für «schlagen».

Im Osnabrücker Land, in Teilen Hessens und im Sauerland existiert noch heute die Tradition des Schnadegangs («Schnade» ist verwandt mit «Schneise» und bedeutet Grenze). Sie reicht zurück in die Zeiten, als man die Landschaft noch nicht mit Google

19

Maps (→ Google) aus der Vogelperspektive betrachten konnte. Damals unternahm man alljährlich einen Kontrollspaziergang zu den Grenzen der Gemeinde. Bei dieser Gelegenheit wurden Grenzsteine von Überwucherungen befreit, und die Alteingesessenen zeigten den im letzten Jahr Hinzugezogenen, wo genau die Schnade, also die Grenze, verlief. Heutzutage haben Gemeinden wie Meschede, Warstein, Brilon oder Hüsten daraus ein Volksfest gemacht: Man wandert hinaus an den Rand des Ortes und überprüft, wer aus der Dorfgemeinschaft die Grenze nach 17 Pils noch in einer geraden Linie entlanggehen kann.

Was aber hat der Grenzgang der Sauerländer mit den Ohren zu tun, abgesehen davon, dass ihnen das Bier am Ende zu den Ohren wieder rauskommt? Wenn es früher Streit darüber gab, wo eine Grenze genau verlief, dann unternahm man außerhalb des jährlichen Turnus einen Schnadegang, um die betreffende Grenze zweifelsfrei festzulegen (griechisch *tórnos* – Zirkel). Damit die dabei beschlossene Grenzziehung bei nachfolgenden Generationen nicht wieder in Vergessenheit geriet, nahm man auch die Kinder zu dieser Ortsbegehung mit – und verpasste ihnen an Ort und Stelle ein paar deftige Watschen. Noch Jahrzehnte später erinnerten sich die Kinder von einst voller Schmerzen, wo genau ein Grundstück aufhörte und ein anderes begann bzw. an welcher Stelle Vati ihnen ordentlich eine geballert hatte. (Das waren übrigens diese sogenannten «guten» alten Zeiten ...)

Man schrieb bei dieser Gelegenheit also nicht auf Papier, wozu vielen ja auch die nötige Bildung fehlte, sondern im übertragenen Sinn «hinter die Ohren», und zwar hinter die der Kinder. Nicht nur im Sauerland war dieses hochmoderne Prinzip der Datenspeicherung verbreitet – in Schwaben nahm man noch im 19. Jahrhundert Knaben zur jährlichen Feldbegehung mit, um ihnen zu diesem Zweck gehörig eine zu pfeffern.

Auch beim Ritterschlag wurde mitunter tatsächlich geschlagen – angehende Ritter kriegten im Rahmen der Zeremonie zünftig eins auf die Rübe, um sicherzugehen, dass sie sich auf jeden Fall gut an ihr Gelübde erinnern würden.

«Lars macht freiwillig Hausaufgaben?
Das kommt mir aber spanisch vor.»

Bodo (42) ist die plötzliche Strebsamkeit
seines Sohnes nicht ganz geheuer.

DAS KOMMT MIR SPANISCH VOR

BEDEUTUNG Ausdruck für Unverständnis oder gar Misstrauen

HERKUNFT Der spanische König Carlos, der als Erbe seines österreichischen Großvaters ausgerechnet deutscher Kaiser
wurde.

Los hispanohablantes (die Spanischsprechenden) neigen dazu,
ihre Worte schnell und in einem einzigen Wortschwall regelrecht
hinaussprudeln zu lassen. Zumindest für Außenstehende hört
es sich an, als redeten sie ohne Punkt und Komma. Selbst dann,
wenn ihr deutscher Gesprächspartner in der VHS noch nicht
übers «¡Hola! ¿Qué tal?» hinausgekommen ist.

Das ist aber nicht der Grund, wieso *los germanohablantes* ausrufen: «Das kommt mir spanisch vor!», sobald ihnen etwas unklar
oder verdächtig erscheint: Die Redensart führt uns auf die Iberi-
sche Halbinsel des 16. Jahrhunderts, in die Regierungszeit von
Carlos I. Er war der Enkel von Isabella I. und Ferdinand II., jener
für ihren strengen Katholizismus bekannten Monarchen, die Spanien erst groß gemacht haben. Da Carlos die Kronen von Kastilien
und Aragonien in einer Person vereinte, gilt er als erster König
von Spanien. Nebenbei herrschte er noch über die Königreiche
Navarra, Granada, Neapel, Sizilien, Sardinien und die spanischen
Kolonien in Amerika. Kurz gesagt, Carlos hatte eine Menge zu tun.

Da der Teufel bekanntlich immer auf den größten Haufen scheißt, kam aber gleich noch eine Ladung obendrauf. Carlos hatte nämlich nicht nur spanische Großeltern. Sein Großvater väterlicherseits war der Habsburger Maximilian I., Erzherzog von Österreich und Kaiser des Heiligen Römischen Reiches Deutscher Nation. Dieser liebe Herr Großpapa fiel nun im Jahr 1519 auf einer anstrengenden Reise von Innsbruck nach Linz tot aus der Kutsche. Und zu seinem Nachfolger wählten die deutschen Fürsten noch im gleichen Jahr niemand anderen als den 19-jährigen Carlos, der unter dem Namen Karl V. der nächste deutsche Kaiser wurde. Jener deutsche Kaiser, der sich unter anderem mit einem aufmüpfigen Augustinermönch namens Martin Luther rumschlagen musste. Und Karl V., der eigentlich ein Carlos war, führte nun als deutscher Kaiser Sitten des spanischen Hofzeremoniells ein, darunter Bräuche, die man teilweise als unerhört empfand. Mutet etwas fremd und seltsam an, kommt das dem deutschen Ohr seither so fremd vor wie die neuen spanischen Sitten am Hof.

Jede Nation scheint übrigens eine andere Sprache gefunden zu haben, um auszudrücken, dass man gerade nur Bahnhof versteht. Im Englischen heißt es: «*Thats Greek to me.*» Türken hören auf dem französischen Ohr schwer: «*Konuya Fransız kaldım.*» Und Italiener haben Schwierigkeiten mit dem Aramäischen: «*Questo per me è aramaico.*» Wenn aber die wenigen (rund 600 000) Nutzer der philippinischen Sprache Chabacano gerade auf der Leitung stehen, dann sagen sie tatsächlich: «*Aleman ese comigo.*» – «Das kommt mir deutsch vor.»

Helmut (65) bezichtigt seinen Skatbruder
Willi (64) des schändlichen Betrugs.

JEMANDEM EIN X FÜR EIN U VORMACHEN

BEDEUTUNG jemanden betrügen

HERKUNFT Die Verwechslungsgefahr der römischen Ziffern X (= 10) und V (= 5) bei ausreichend schlampiger Schreibweise.

Der Betrug kennt viele Synonyme: Betuppen, übers Ohr hauen, schummeln, oder neudeutsch *cheaten*. Der seltsame Ausdruck mit X und U geht zurück auf Mogeleien im alten Rom.

Stellen Sie sich vor, Sie haben mit Ihren Kumpels in einer *Taverna* an der Via Appia die ein oder andere *Cervisia* gebechert. Nun sind alle so voll, dass keiner mehr nach Rom finden würde, egal wie viele Wege da auch hinführen mögen. Es geht ans Bezahlen und es ist nicht ausgeschlossen, dass sich dabei folgendes Streitgespräch entwickelt:

WIRT: «Wohlan der Herr, lass er mich sehen, wie viele Krüge Cervisia er heute wieder gehabt hat ... 10 Krüge, ja?!»

GAST: «Was spricht er? Fünf trank ich, Wirt! Seht dort, ihr habt es doch selbst notiert!»

WIRT: «Genau, hier steht es: 10 Krüge Cervisia! So zahlt nun die Sesterzen!»

GAST: «Welch Unverfrorenheit! Betrügerischer Wirt! Ihr Geschmier dort zeigt es doch ohne Frage: 5 Krüge!»

WIRT: «Zum Bacchus mit ihm! Ich lasse mir doch kein X für ein
V vormachen!»

Wie aber könnte es zu solch einer Diskussion überhaupt kommen?

Nun, nehmen wir an, der Gast hat wirklich nur 5 Bier getrunken: In diesem Fall hat der Wirt sich in betrügerischer Absicht am
Deckel zu schaffen gemacht: Er hat die beiden Striche eines V, also
der römischen Zahl 5, einfach ein wenig nach unten verlängert,
sodass es nun aussieht wie ein X, also wie die römische Zahl 10.

Oder umgekehrt: Der Gast hat tatsächlich 10 Bier getrunken. Er
behauptet aber steif und fest, dass das, was der Wirt da für ein X
hält, in Wirklichkeit ein schlampig geschriebenes V ist. Der Gast
versucht also dem Wirt ein X für ein V vorzumachen.

Die Ziffern indischen Ursprungs, die wir heute verwenden,
kamen erst im 13. Jahrhundert über Arabien nach Europa. So hat
man bei uns also noch lange in römischen Ziffern festgehalten,
wer sich wie viele Herrengedecke zu Gemüte geführt hat. Da das
V im lateinischen Alphabet aber noch bis ins 15. Jahrhundert auch
für das U stand, kam es zu der Redewendung «ein X für ein U vormachen», die eigentlich bedeutet: Ich lass mir doch keine 10 als 5
verkaufen.

Übrigens: Wie römische Namen zustande kommen und was sie
bedeuten, lesen Sie auf Seite 139.

Und wo wir gerade dabei sind: Die Redensart «übers Ohr hau-
en» kommt aus dem Fechtsport. Ein solcher Schlag ist nach den
dortigen Regeln verboten. Und «betuppen» ist wahrscheinlich
abgeleitet vom französischen *«duper»* – zu Deutsch «betrügen»,
«hintergehen» oder auch «düpieren».

*«Kirsten fährt übers Wochenende mit den Kegel-
mädels weg! Ich bin also Strohwitwer!»*

Carlos (38) lädt seine Kumpels zu einem gemütlichen
Wochenende zu sich nach Hause ein.

STROHWITWE/R

BEDEUTUNG	nur vorübergehend (und nicht dauerhaft durch den Tod) voneinander getrennte Eheleute
HERKUNFT	Das Strohlager, in dem man ohne Partner alleine schlafen muss; außerdem verwandt mit einem Schmähbegriff für eine Frau, die schwanger in die Ehe geht.

Das kleine Schweinchen, das sich sein Haus aus Stroh gebaut hatte, konnte sein Eigenheim nicht lange genießen: Es zog schon bald als Untermieter in den Bauch des Wolfes um.

Bei einem Strohfeuer lodern die Gefühle kurz und heftig auf, doch im nächsten Moment ist die Liebschaft auch schon wieder vorbei.

Auch die Witwerschaft, der man ein «Stroh-» voranstellt, währt nicht ewig, sondern ist meist schon nach ein paar Tagen wieder vorbei. Das hat aber weder mit der Kurzlebigkeit von Stroh als Bausubstanz noch mit dem schnellen Abbrennen von Stroh zu tun. Auch dass alleingelassene Ehemänner die Zeit nutzen, um reichlich Stroh-Rum zu verkosten, mag zwar leider immer wieder vorkommen, ist aber nicht Ursprung des Begriffs. Der Stroh-Rum wurde erst 1832 vom österreichischen Spirituosenhändler Sebastian Stroh eingeführt, und der Begriff «Strohwitwer» ist wesentlich älter.

Das Stroh, das in diesem Zusammenhang von Bedeutung ist, findet man dort, wo der zu Hause gebliebene Ehepartner seine Nächte allein verbringen muss. Denn der Luxus eines Bettes war lange Zeit der Oberschicht vorbehalten. Der Großteil der Bevölkerung schlief auf dem harten Boden oder versuchte es sich auf einem Strohlager halbwegs gemütlich zu machen. War der Ehemann, oder in selteneren Fällen die Ehefrau, verreist, schlief man alleine auf dem Stroh. In Goethes *Faust* klagt zum Beispiel die Figur Marthe Schwerdtlein darüber:

> «Gott verzeih's meinem lieben Mann,
> Er hat an mir nicht wohl getan!
> Geht da stracks in die Welt hinein
> Und läßt mich auf dem Stroh allein.»

Für Liebende, so lehrt uns der deutsche Schlager seit 1976, ist ein Bett im Kornfeld immer frei. Das ist auch auf den Britischen Inseln so. Erblickte früher neun Monate nach einem solchen *Tête-à-Tête* im Stroh ein Kind das Licht der Welt, so nannte man die junge Mutter eine *grass widow*, zu Deutsch Gras-Witwe: Das Kind war nicht im ehelichen Bett, sondern außerhalb der heiligen Institution der Ehe, nämlich im *grass* gezeugt worden – und sie selbst stand ohne Mann da, war also eine *widow*, eine Witwe.

Auch hierzulande ging man früher mit Frauen, die schwanger in die Ehe gingen, und mit alleinerziehenden Müttern nicht gerade zimperlich um. Einem Brauch zufolge bekam jede Braut zur Hochzeit einen Brautkranz, der aus allerlei wunderschönen Blumen geflochten war. War die Braut jedoch schon unübersehbar in anderen Umständen, so änderten sich auch die Umstände ihres Kopfschmuckes: Der schöne Blumenkranz blieb ihr verwehrt, stattdessen erhielt sie einen weniger schönen Kranz aus Stroh. Die Braut war, da nicht mehr jungfräulich, für die Dorfgemeinschaft eben keine echte Braut. Daher gab's auch keinen echten

Kranz; *basta!* (Italienisch für «Halt, es reicht!») Diese Strohbraut wurde dann zum sprachlichen Vorbild für die Strohwitwe, die ja ebenfalls keine richtige Witwe war.

Übrigens: Das französische *«Tête-à-Tête»* bedeutet eigentlich «Kopf an Kopf», wird heutzutage aber eher als «Hüfte an Hüfte» verstanden.

«Können wir jetzt erst mal über die Dinge reden, die uns wirklich auf den Nägeln brennen, bevor wir über die Farbe der neuen Vorhänge abstimmen?»

Simone (49) Aufsichtsratsmitglied,
findet die heutige Tagesordnung idiotisch.

AUF DEN NÄGELN BRENNEN

BEDEUTUNG   sehr dringlich
HERKUNFT   Das mittelalterliche Nachtleben im Kloster.

Im Mittelalter mussten ganz schön viele Menschen nachts raus. Der Grund: Vigilien. Hierbei handelt es sich nicht etwa um blasenschwächende Bakterien, sondern um Nachtgebete. Wer ein Leben im Kloster gewählt hatte, der musste sich keine Gedanken darum machen, was er eigentlich wann tun sollte – der Tagesablauf war strengstens geregelt und vor allem durch regelmäßige Gebete strukturiert. Dabei war Pünktlichkeit das A und O:

> *«Wir lassen die unpünktlichen Brüder bewusst auf dem letzten Platz oder abseits stehen, damit sie von allen gesehen werden, sich schämen und deshalb sich bessern.»*
> (Regel des heiligen Benedikt, Kapitel 43, Vers 7)

Die vielen Gebete waren Teil einer aus heutiger Sicht etwas seltsam anmutenden Vorstellung von Arbeitsteilung. Die Mönche beteten nicht nur für sich selbst, sondern auch für die arbeitende Bevölkerung mit. Denn wer 14 Stunden lang die Äcker bestellte oder die Tiere versorgte, konnte natürlich nicht in ausreichendem

Maße um sein Seelenheil flehen. So nahmen die Bauern das Angebot der Gebetanbieter in Anspruch und *sourcten* ihre Gebete *out*.

Noch heute beten Mönche morgens die Laudes (lateinisch *Lobgesänge*), mittags die Sext (weil zur sechsten Stunde nach dem Tagesanbruch gebetet), abends die Vesper (lateinisch *vespera* – Abendzeit) und zum Abschluss des Tages die Komplet (lateinisch *complere* – erfüllen, vollenden). Aber damit nicht genug: Mitten in der Nacht ist die Vigil (lateinisch *vigilare* – wachen) an der Reihe – damals wie heute. In einigen Klöstern ist man inzwischen etwas weniger streng mit den Gebetszeiten: Hier und dort wird die nächtliche Vigil direkt vor den morgendlichen Laudes, seltener auch im Anschluss an die Komplet abgehalten, sodass die Brüder oder Schwestern nicht mitten in der Nacht ihren Schlaf unterbrechen müssen. Wo die Regeln allerdings noch wortgetreu befolgt werden, da heißt es um 2 Uhr nachts raus aus den Federn, zum Stundenbuch gegriffen und ab ins Oratorium (Gebetsraum, lateinisch *orare* – beten).

Aus heutiger Sicht stellt das im Wesentlichen eine Übung in Selbstüberwindung dar. Doch bevor das elektrische Licht auch in den Klöstern Einzug hielt, waren zudem rein praktische Hürden zu nehmen: Wie sollte man im Dustern die Psalmen entziffern, die bei der Vigil vorzutragen waren? Einfallsreichtum war gefragt, und so klebten sich die Mönche eine kleine Kerze mit etwas Wachs auf ihren Daumennagel. Das Flackern der herunterbrennenden Kerze muss ihnen dabei auch ein wenig wie eine Sanduhr vorgekommen sein. Zog die Vigil sich in die Länge, konnte es passieren, dass die sowieso schon kleine Kerze so klein wurde, dass die Kerzenflamme dem Daumennagel unangenehm nahe kam. Da konnte man sich als Mönch nur wünschen, dass die Vigil recht schnell zu Ende gehen möge.

In Nachschlagewerken aus dem 16. Jahrhundert findet man noch die daraus hervorgegangene ursprüngliche Form der Redewendung: «*Die kertz ist vff den nagel gebrant.*» – «Die Kerze ist bis auf den Nagel heruntergebrannt».

Übrigens: Häufig hört man auch die Variante, dass etwas «*unter den Nägeln brennt*». Das verleitet zu der Annahme, das Sprichwort könne auf eine besonders fiese Foltermethode zurückgehen, bei der dem Opfer dünne Holzstäbchen unter die Fingernägel geschoben und entzündet wurden. So fraß sich die Flamme langsam und unaufhaltsam in Richtung der Fingerspitzen, bis es schließlich *unter* den Nägeln brannte. Diese Foltermethode hat es zwar gegeben, doch sie ist nicht der Ursprung der Redewendung. Deswegen brennt es sprachlich korrekt auch *auf* und nicht *unter* den Nägeln.

Und wo wir gerade dabei sind: Das A und O ist nichts anderes als die Kurzform von Alpha und Omega, dem jeweils ersten und letzten Buchstaben des griechischen Alphabets. In der Offenbarung des Johannes (Kapitel 22, Vers 13) sagt Jesus Christus: «Ich bin das Alpha und das Omega, der Erste und der Letzte, der Anfang und das Ende.» Heute bezeichnet der Ausdruck «A und O» das Wichtigste oder Wesentliche einer Sache.

WAS WAR ICH?!
HISTORISCHES BERUFERATEN

Viele inzwischen ausgestorbene Berufe haben in deutschen Nachnamen überlebt: «Böttcher» nannte man die Hersteller von Fässern, ein «Wagner» fertigte Wagenräder und ein «Schulz» war eine Art Ortsvorsteher.

Doch nicht nur in den Nachnamen finden sich Hinweise auf die Berufe der Vergangenheit: Wer sich zum Beispiel auf fremdes Terrain begibt, der hört manches Mal den Rat «Schuster, bleib bei deinem/n Leisten!»

Alle Redewendungen in diesem Kapitel haben ihren Ursprung in der mittelalterlichen Arbeitswelt.

«Ein verfehlter Beruf verfolgt uns durch das ganze Leben.»
HONORÉ DE BALZAC (1799–1850), PHILOSOPH, DER OFFENSICHTLICH GERN WAS ANDERES GEMACHT HÄTTE

Übrigens: Der Leisten ist das fußförmige Holzstück, mit dem der Schuster einen Schuh anfertigt. Der Schuster soll also lieber keine Experimente machen; er soll bei seinem Arbeitsgerät und in seiner Werkstatt bleiben. Das Sprichwort existiert in zwei Varianten: «Schuster, bleib bei deine*m* Leisten» sowie «Schuster, bleib bei deine*n* Leisten». Beide sind korrekt und unterscheiden nur, ob der Schuster nun bei einem oder bei mehreren seiner Leisten bleiben soll.

«Die Tür ist offen! Herein, wenn's kein Schneider ist!
Hahahaha!»

Aus gutem Grund fast ausgestorbener,
weil höchstens ansatzweise witziger Ausruf,
wenn es an der Tür klopft.

HEREIN WENN'S KEIN SCHNEIDER IST / AUS DEM SCHNEIDER SEIN

BEDEUTUNG Aufforderung, nur dann hereinzukommen, wenn man kein Anliegen hat

HERKUNFT Der Spott und die Geringschätzung für den Schneiderberuf aus einer Zeit, in der Schneider als Schwächlinge galten (vergleiche das Märchen *Das tapfere Schneiderlein*).

Es gab Zeiten, da sprang man mit Schneidern geradezu grob um: Klopften sie an, weil man ihnen noch Geld schuldete, ließ man sie trotzdem einfach vor der Tür stehen.

Ein Schneider verdiente im Mittelalter nicht sonderlich viel Geld und genoss demzufolge kein hohes Ansehen. Vielleicht war es aber auch umgekehrt: Der Schneiderberuf wurde nicht sehr hoch angesehen und brachte daher nur wenig Geld ein. Wie man es dreht und wendet: Einen Schneider konnte man nach damaligem Empfinden auch schon mal vor der Tür auf sein Geld warten lassen.

Zudem war es in den Schneiderstuben seit dem frühen Mittelalter üblich, aus Kostengründen schwächliche Männer oder Jungen mit Behinderungen als Nähknechte zu beschäftigen. Diese assistierten dem Schneidergesellen und saßen im Schneidersitz auf dem Boden statt am Arbeitstisch. Sie prägten das Bild vom dünnen, schwächlichen Schneiderlein, dem man nur wenig Respekt entgegenbrachte, sodass man es auch mit der Zahlungsmoral nicht ganz so eng sah. Was sollte so ein schwacher Schneider auch schon groß dagegen ausrichten?

Auf dieser allgemein verbreiteten Geringschätzung beruht auch das Märchen *Das tapfere Schneiderlein*, bei dem alle staunen, dass ausgerechnet *der* (ein Schneider!) sieben auf einen Streich getötet haben soll.

«Aus dem Schneider» ist man ebenfalls nur auf dem Rücken dieses seinerzeit so verpönten Berufszweigs. Denn wer beim Skat 30 Punkte oder weniger erreicht, wird «Schneider» genannt – entsprechend ist man mit mehr als 30 Augen «Schneider frei». Im Deck des heiteren Berufe-Quartetts ist der Schneider also gewissermaßen die Arschkarte.

Der Schneider muss in diesem Zusammenhang mal wieder herhalten, weil man früher gern über seine angeblich so schmächtige Statur spottete: Ein Schneider bringe gerade mal 30 Lot auf die Waage, hieß es. Das wären gerade mal 500 g, denn 1 Lot entspricht etwa 16 g. Die alte Gewichtseinheit Lot wurde später durch Gramm ersetzt; in Kochbüchern hat sie sich noch bis ca. 1900 gehalten.

Ein Skatspieler muss jedenfalls die 30-Punkte-Marke erreichen, um nicht im Spiel als ähnliches Fliegengewicht zu gelten wie ein Schneider. Vergleichbar mit demjenigen, der finanziell endlich auf eigenen Füßen steht oder ein Problem hat abwenden können, ist er der Gewichtsklasse des schwachen Schneiders entwachsen und «aus dem Schneider».

Eine andere Herleitung führt die Redewendung «Herein, wenn's kein Schneider ist» nicht auf die Schneider, sondern auf die Schnitter zurück. So bezeichnete man früher die Erntehelfer, die das Korn mähten. Da sie diese Arbeit mit einer Sense verrichteten, wurde ihr Berufsstand zum Namen für den personifizierten Tod, der im übertragenen Sinne die Lebensfäden mit einer Sense durchtrennt: «der Schnitter Tod».

So könnte es ursprünglich also auch mal geheißen haben: «Herein, wenn's nicht der Schnitter ist!», womit gemeint war: «Herein, wenn's nicht der Tod ist!»

«Werner! Leg sofort den Fön weg! Du bist ja wohl
mit dem Klammerbeutel gepudert!»

Beate (43) will ihren Mann davon abhalten, den Haar-
trockner während des Badens zu reparieren.

MIT DEM KLAMMERBEUTEL GEPUDERT SEIN

BEDEUTUNG sich äußerst dämlich anstellen
HERKUNFT   Die unsachgemäße Bedienung einer Mühle.

Diese Redewendung wirkt durchaus etwas altbacken, darum
schnell eine Analyse, bevor sie ausstirbt:

Eine häufige Herleitung für dieses obskure (lateinisch *obs-
curus – dunkel*) Sprachbild begibt sich in die Glitzerwelt des Enter-
tainments, um ein wenig (Rampen-)Licht ins Dunkel zu bringen:
Schauspieler oder Sänger lassen sich normalerweise in der Maske
herrichten, bevor sie auf die Bühne gehen. Käme beim Schmin-
ken und Pudern anstelle eines weichen Schwamms oder einer
sanften Quaste ein Beutel voller Wäscheklammern zum Einsatz,
so würde:

a) das ordentlich wehtun und
b) der unsanfte Schlag des hart gefüllten Beutels sich unter
   Umständen negativ auf die Denkleistung des Künstlers aus-
   wirken.

Klingt logisch, aber aller Wahrscheinlichkeit nach handelt es sich
hierbei um einen typischen etymologischen Schnellschuss. *Etymologie ad hoc* nennt man das, wenn eine Erklärung konstruiert
wird, die zwar in sich plausibel ist, für die es aber keine Belege gibt.

Die tatsächliche Herkunft der Formulierung «mit dem Klammerbeutel gepudert» ist hingegen selbst ganz schön «altbacken»: Als das Mehl noch in Wind- und Wassermühlen gemahlen wurde, siebte man es nach dem Mahlvorgang durch einen Beutel, um es von der Kleie zu trennen. Dazu wurde dieser Beutel kräftig hin und her gerüttelt. Damit der Beutel bei der ganzen Rüttelei und Schüttelei auch blieb, wo er hingehörte, wurde er mit einer klammerartigen Vorrichtung befestigt, der er auch seinen Namen verdankt. War der Müller dämlich genug, bei laufender Mühle den Mehlkasten zu öffnen, dann staubte es ihm so gehörig ins Gesicht, dass er aussah, als hätte der Klammerbeutel ihn gepudert. Außerdem stieg durch den feinen Mehlstaub in der Luft die Gefahr einer Staubexplosion. Schön blöd also, wer auf eine solche Idee kam.

Auch der Ausdruck «arg gebeutelt sein» geht auf diese Zusammenhänge zurück: Die betreffende Person wird vom Schicksal ebenso heftig durchgeschüttelt wie der Klammerbeutel beim Mehlsieben.

Übrigens: Als altbacken bezeichnete man im 13. Jahrhundert Brot, das nicht mehr frisch war.

AUF DEN HUND GEKOMMEN SEIN

BEDEUTUNG in widrige Umstände geraten wie etwa Krankheit, Unglück, finanzielle Misere und/oder sozialer Abstieg (vulgärdeutsche Entsprechung: am Arsch sein, abkacken)

HERKUNFT Von den unterschiedlichen etymologischen Erklärungen, die zu dieser Redensart kursieren, hat nur eine etwas mit einem Hund aus Fleisch und Blut zu tun.

Bauer sucht Frau im Jahre 1204. Hubertus, angesehen, aber unansehnlich, mit ansehnlichem Hof, kommt nach Jahren des tristen Junggesellendaseins endlich «unter die Haube». Das heißt, natürlich kommt nicht *er* unter die Haube, sondern die schöne Agatha, Erbin des Gutshofs nebenan, denn die Haube war im Mittelalter das Erkennungszeichen der verheirateten *Frau*. Der Mann kam erst nach dem Mittelalter und auch nur im übertragenen Sinne unter die Haube.

Hubertus' anfängliche Freude über seine schöne Angetraute schwindet im gleichen Maß, wie die Kauflust seiner Frischvermählten ansteigt. Denn Agatha entpuppt sich nach der Heirat als wahres Luxus-Luder: eine teure Kirschholzgemme hier, ein neues Mieder da, und dann bucht sie für den Geburtstag ihrer Mutter auch noch einen Minnesänger. Hubertus muss an allen

39

Ecken und Enden sparen, bis es auch sein liebstes Spielzeug trifft, den fahrbaren Untersatz. Es dauert nicht lange und Hubertus muss von der Pferdekutsche auf einen Eselskarren *downgraden*. Als dann aber der Schuster im Dorf noch neue Modelle herein-bekommt und Agatha vollends dem Kaufrausch verfällt, muss Hubertus auch noch den Esel verkaufen und stattdessen Harro, den treuen Hofhund, vor den Wagen spannen; zu jener Zeit die ärmlichste Form des Fuhrwerks. Hubertus ist also «auf den Hund gekommen».

Eine andere Herleitung bemüht keinen echten, sondern einen Hund aus der antiken Mythologie, und zwar Kerboros in der grie-chischen bzw. Cerberus in der römischen Schreibweise. Dieser dreiköpfige Wachwaldi am Tor zur Unterwelt wurde im Laufe der Zeit zum Vorbild für viele Geschichten, in denen Schätze von einem Hund bewacht werden. Gut möglich, dass in Hubertus' Schlafgemach eine kleine Geldschatulle stand, ein prall mit Mün-zen gefülltes Schatzkästchen, über das jetzt eben auch sein aus-gabefreudiges Eheweib verfügen konnte. Am Boden dieser klei-nen Kiste war, in Erinnerung an die knurrenden und bellenden Schatzwächter, ein Hund geschnitzt. Hatte Agatha so viel Geld aus der Schatulle genommen, dass man den Boden sehen konnte, so war sie bis «auf den Hund gekommen».

Es ist allerdings ebenso möglich, dass weder ein echter Kläffer noch die Abbildung eines mehr oder weniger furchteinflößenden Exemplares in der Redewendung steckt, sondern etwas, das sich bloß so anhört, als wäre es ein Hund. In der Fachsprache der Berg-leute ist ein Hunt (auch Grubenhunt genannt) der Förderwagen, mit dem Abraum weggeschafft wird. Die Lore, ebenfalls ein Transportgefährt, unterscheidet sich vom Hunt durch den zur Seite kippbaren Behälter, der das Entladen des Wagens deutlich vereinfacht. Die Bezeichnung Kipp-Lore ist also redundant (all-tagsdeutsch «doppelt gemoppelt», lateinisch *redundare* – über-fließen), da es sich bei einer Lore, die man nicht kippen kann, eben nicht um eine Lore, sondern um einen Hunt handelt. Niemand weiß genau, wie der Grubenhunt an seinen Namen gekommen ist. Es könnte aber sein, dass eine Verwandtschaft mit dem slowakischen Wort «*hyntow*» für «Wagen» besteht.

Wie dem auch sei: Wer nicht kräftig genug war, um unter Tage an vorderster Front als Hauer zu arbeiten, der wurde zum Schieben der Abraumwagen eingeteilt. Das brachte weniger Lohn ein, somit war derjenige «auf den Hunt gekommen».

Übrigens: Schon im Mittelhochdeutschen war mit einem Luder eine Lockspeise für Falken gemeint. Und auch heute noch bezeichnet man in der Jägersprache einen Kadaver, mit dem Raubtiere geködert werden sollen, als Luder. Von dort war der Weg nicht mehr weit zu der übertragenen Bedeutung von einer Person, die andere anlockt und ins Verderben führt.

? Welches geflügelte Wort wird gesucht? Die Antwort besteht aus zwei Wörtern und steht auf Seite 131.

«Wer Catenaccio für eine italienische Vorspeise hält,
hat im Fußball von Tuten und Blasen keine Ahnung!»

Hobbytrainer Siggi (49) verzweifelt am mangelnden
Fachwissen seines Schwiegersohns.

VON TUTEN UND BLASEN
KEINE AHNUNG HABEN

BEDEUTUNG ziemlich dämlich und selbst für die einfachsten Tätigkeiten ungeeignet sein

HERKUNFT Die öffentliche Meinung über den Beruf des Nachtwächters, der sich angeblich durch ein geringes Anforderungs-
profil auszeichnet.

Hatten die Städter in früheren Jahrhunderten ihr Tagwerk voll-
bracht, waren die Werkstätten und Läden geschlossen und das
Stadttor bereits fest verriegelt, so sprach ein jeder in seiner Stube
noch ein letztes Gebet zur guten Nacht und schlummerte schon
bald tief und fest. Ein jeder? Keineswegs – zwei begannen erst
jetzt mit der Arbeit: der Türmer, der von der Turmkammer einer
Kirche aus die Stadt überblickte, und der Nachtwächter, der durch
die Gassen patrouillierte. Eine Stellenanzeige aus dem 16. Jahrhundert liest sich wie folgt:

«Es ist unser Wille, dass die Bürger der Stadt des Nachtens ruhen
können ohn' Sorg. Dies zu erreichen wird gesucht ein Wächter, der
im Verein mit dem Türmer spähendes Blickes Diebes- oder Feuers-
gefahr zu erforschen und Ruhestörungen abzuschaffen.»

Der Nachtwächter war für seinen Rundgang mit einer Stabwaffe namens Hellebarde (heute würde man sie wahrscheinlich als *Hybridwaffe* aus Axt und Speer bezeichnen), einer Laterne und einem Signalhorn ausgestattet. Denn zu den Aufgaben des Gespanns aus Türmer und Nachtwächter zählte auch, zur vollen Stunde zu tuten. Mit einem kurzen Signal zu jeder Viertelstunde verhinderten sie, dass der jeweils andere einnickte. Außerdem benutzten sie die Hörner, um im Falle eines Feuers oder Angriffs Alarm zu schlagen.

Sowohl die Beschäftigung des Türmers als auch die des Nachtwächters zählte im Mittelalter zu den ehrlosen Berufen. Sie rangierten damit in der Ständegesellschaft nur knapp über den besonders verachteten Berufen wie Henker, Totengräber und Abdecker (Tierkadaververwerter; heutzutage Teil der Fast-Food-Industrie). Denn einerseits vermittelte es den Bürgern der Stadt schon ein Gefühl der Sicherheit, dass ein Nachtwächter sie in ihrem Schlaf vor Dieben und Feuer beschützte. Andererseits war es ihnen dann aber doch irgendwie suspekt *(lat. suspectus* – verdächtig*)*, dass da des Nachts ein Kerl durch die Straßen schlich und damit sein nächtlich Brot erwarb.

Ein Nachtwächter musste übrigens ziemlich gut haushalten, wollte er sich mal ein Brot leisten, denn nur 30 Kreuzer und 10 Heller verdiente er pro Woche – zu einer Zeit, da ein Laib Brot schon bis zu 30 Kreuzer kostete! Die Logik hinter diesen «Tarifen»*: Der Nachtwächter arbeitete schließlich nur fünf oder sechs Stunden, während andere bei Tage bis zu 15 Stunden lang schufteten.

Darüber hinaus galt der Nachtwächter bei den Städtern als nicht sonderlich kompetent. Durch das Signal zur Viertelstunde, so spotteten sie, verriet der Nachtwächter den Dieben doch stets seine aktuelle Position. Die bösen Buben waren also immer gewarnt und konnten flink das Weite suchen, wenn er ihnen zu nahe kam. Und überhaupt schlafe der Nachtwächter doch sowieso ständig bei der Arbeit. Bei der ein oder anderen Verbrecherjagd haben Nachtwächter wohl nicht die beste Figur abgegeben, und ihr eher müdes Erscheinungsbild machte die Sache auch nicht besser, sodass «Du Nachtwächter!» zu einer Beschimpfung für all jene wurde, die nicht gerade durch Geistesgegenwart auffielen.

Der Beruf des Nachtwächters war ermüdend, schlecht angesehen, miserabel bezahlt und manchmal sogar ineffektiv. Besondere Qualifikationen verlangte der Job zwar nicht, aber das Tuten und Blasen sollte man schon beherrschen. Wer aber sogar davon keine Ahnung hatte, der war auf dem mittelalterlichen Arbeitsmarkt gänzlich unvermittelbar.

* Übrigens: «Tarif» kommt vom arabischen Wort *«tarifa»*, das so viel bedeutet wie «Bekanntmachung», «Preisliste».

*«Ey, komm! Lass heute mal blau machen, ich bin eh
viel zu blau, um in die Schule zu gehen!»*

Gesteigerter Alkoholkonsum am Vortag führt bei
Kevin (19) zu temporärem Unterrichtsausfall.

BLAU MACHEN / SEIN

BEDEUTUNG schwänzen
HERKUNFT   Ein hebräisches Wort, das so viel bedeutet wie «nicht» und
«ohne».

Schüler, die zu oft «blau machen», bekommen «blaue Briefe», so
auch Kevin, wenn er es übertreibt. Diese Schreiben sind natürlich
nicht wirklich blau, den Namen haben sie noch aus dem 19. Jahrhundert. Damals verschickte man Königlich-Preußische Mahn-
schreiben an Beamte und Offiziere mit Vorliebe in preußisch-
blauen Umschlägen.

Was das «Blaumachen» angeht, gibt es eine ganze Reihe von
Herleitungen. Häufig wird die Redewendung mit den Stofffär-
bereien im Mittelalter in Zusammenhang gebracht. Wollten die
Färber blauen Farbstoff gewinnen, so füllten sie im Freien große
Bottiche mit Urin und legten darin die Blätter der Färberwaid-
Pflanze ein. Die Sonneneinstrahlung setzte dann einen Gärpro-
zess in Gang, bei dem Alkohol entstand, der wiederum den blau-
en Farbstoff aus der Pflanze löste. Um dies zu unterstützen, hatte
es sich bewährt, zusätzlich Alkohol von außen hinzuzugeben.
Da es den Färbern aber geradezu verschwenderisch vorkam, den
Alkohol einfach so in die Bottiche zu schütten, schütteten sie ihn
lieber erst in sich selbst hinein und urinierten dann noch mal in

die Bottiche. Danach hatten sie lange nichts anderes zu tun als zu warten. Es dauerte nicht lange, bis man «blaumachen» mit «nichts tun» oder «schwänzen» gleichsetzte. Und weil die Färber beim Blaumachen so viel Alkohol tranken, sagen wir heute über einen Betrunkenen: «Mann, ist der aber blau!»

Die viel zitierte Erklärung von den betrunkenen Blaufärbern klingt plausibel (lateinisch *plausibilis* – beifallswürdig) und einleuchtend, dennoch entstammt sie dem Märchenbuch der Sprachgeschichte (und gehört damit eigentlich gar nicht in dieses Kapitel!). Denn die Färber hatten zwar tatsächlich während des Blaufärbevorgangs lange Wartezeiten zu überbrücken, der übermäßige Alkoholgenuss mit anschließender Eigenurinabgabe ist allerdings nicht sauber dokumentiert.

Wahrscheinlich handelt es sich bei «Blaumachen» nämlich um eine Verkürzung des Ausdrucks «sich einen blauen Montag machen». Im Spätmittelalter und in der frühen Neuzeit bekamen Handwerksgesellen montags frei, um dann ihre Gesellenversammlungen abzuhalten. Die Gesellen missbrauchten diese freie Zeit allerdings gerne und oft: Sie ließen die Versammlung Versammlung sein und gingen stattdessen lieber feiern und zechen. Sie trieben es an diesem Tag, damals «guter Montag» genannt, wohl so bunt, dass einige deutsche Herrscher seit dem 16. Jahrhundert versuchten, ihnen Einhalt zu gebieten. Davon zeugen verschiedene Verbote und Edikte aus dieser Zeit.

Tatsächlich leitet sich das Wort «blau» in Ausdrücken wie «blauer Dunst», «blaues Wunder», «blau machen» und «blau sein» vom Wort «lau» ab. In der mittelalterlichen (Geheim-)Sprache Rotwelsch (→ Hilfreiche Fachausdrücke) bezeichnet «lau» immer etwas Negatives oder nicht Vorhandenes. Es kommt vom gleich klingenden hebräischen Wort «lau», das «nicht» oder «ohne» bedeutet. Deutlich wird das in der Redewendung «etwas für lau kriegen», also «etwas umsonst bekommen».

Durch Voranstellung des Buchstabens B wird das Wörtchen «lau» verstärkt – und klingt auf einmal genau wie «blau». Demzufolge heißt «blaumachen» also «nichts machen», und mit «blau sein» könnte ein negativer Zustand gemeint sein.

Für das Rotwelsche «lau» als des Rätsels Lösung spricht vor allem, dass der freie Montag im 16. Jahrhundert noch als «guter Montag» bekannt war, während man ihn ab dem 17. Jahrhundert zunehmend als «blauen Montag» bezeichnete – zu einer Zeit, in der die ersten rotwelschen Ausdrücke in den deutschen Regionalsprachen auftauchen.

RECHT UND GESETZ

Auch wenn die Rechtsprechung schon lange in den Mündern der Experten liegt, geistern juristische Fachausdrücke ständig durch unsere Alltagssprache. Die Übersetzung von *«in dubio pro reo»* («im Zweifel für den Angeklagten») kriegen viele ganz ohne Latinum hin. Denn dieser Satz interessiert eben nicht nur Richter und Anwälte, sondern kann theoretisch jeden Bürger einmal betreffen.

Außerdem gerät nicht so schnell in Vergessenheit, was jahrhundertelang in Gesetzestexten festgeschrieben war. Und so wie Riten und Gebräuche in Redewendungen konserviert werden wie Gurken im Einmachglas, so haben auch mittelalterliche Rechtsbräuche in Formulierungen überlebt.

Wie kritisch der Volksmund den Juristen bisweilen begegnet(e), zeigen Schimpfwörter wie «Winkeladvokat» oder «Paragraphenreiter».

«Gesetze verraten nicht, was ein Volk ist, sondern das, was ihm fremd erscheint.»
FRIEDRICH NIETZSCHE (1844–1900), ZWEITBEKANNTESTER
SCHNURRBART DEUTSCHLANDS, IN *DIE FRÖHLICHE WISSENSCHAFT*

Übrigens: Als «Winkeladvokat» bezeichnete man im 18. Jahrhundert jemanden, der die juristischen Belange eines anderen erledigte, ohne tatsächlich Anwalt zu sein. Dies tat er natürlich im

Verborgenen, im wahrsten Sinne des Wortes «im Winkel». Heute beschimpft man damit Anwälte, denen man mangelhafte Kenntnisse unterstellt. Das Wort «Advokat» kommt vom lateinischen Wort *advocare* – «herbeirufen»; der Advokat ist also der «Herbeigerufene», der einem beistehen soll.

*«Lass dich von diesem Kai doch
nicht ins Bockshorn jagen!»*

Ellen (73) spricht ihrem Sohn (45) Mut zu, sich gegen
seinen Abteilungsleiter zu wehren, der ihm ständig
die Trinkpäckchen und Butterbrote abknöpft.

SICH NICHT INS BOCKSHORN JAGEN LASSEN

BEDEUTUNG   sich nicht einschüchtern lassen
HERKUNFT   Unklar; unter Umständen steckt eine in Vergessenheit
geratene Bestrafung dahinter.

Es gibt Jagdhörner, Flügelhörner, Alphörner und Tenorhörner. Nur ein Instrument sucht man in der Musikalienhandlung vergeblich: das Bockshorn. Ebenso vergeblich verläuft die Suche nach einer eindeutigen Herleitung, woher die Redewendung «sich nicht ins Bockshorn jagen lassen» stammt; zu wenigen Sprichwörtern gibt es so viele unterschiedliche Erklärungsansätze. Schon im 15. Jahrhundert hatte niemand mehr eine Ahnung, wie diese Redewendung entstanden sein könnte und was genau man sich denn nun unter einem Bockshorn vorzustellen hatte. Klar war und ist lediglich, was mit dem Ratschlag, sich nicht ins Bockhorn jagen zu lassen, gemeint ist: sich nicht einschüchtern lassen.

Was immer dieses Bockshorn also auch war, es muss etwas Unangenehmes gewesen sein. Hier die populärsten Verdächtigen:

1.) Die Hülsenfrüchte, die am Affenbrotbaum wachsen, winden sich wie braune Hörner um dessen Äste. Daher nannte man sie früher auch Bockshörner. Die Hülsen, die überreif vom Baum fallen, verbreiten einen mitunter strengen Geruch. Keine schöne Vorstellung also, in einen Haufen stinkender Bockshörner gejagt zu werden.

2.) Bis vor gut hundert Jahren gab es in Schulen und Universitäten Arrestzellen, die «Karzer» genannt wurden (lateinisch *carcer* – Gefängnis, Kerker). In schwäbischen Schulen sollen sie jedoch als Bockshorn bezeichnet worden sein. Die Quellen dazu sind zwar dünn gesät, das Gerücht hält sich dennoch tapfer und hartnäckig. Sich so aufzuführen, dass als Konsequenz der Aufenthalt in solch einem Raum winkt, ist – Bockshorn hin oder her – nicht besonders ratsam.

3.) Man tut der mittelalterlichen Rechtsprechung unrecht, wenn man annimmt, sie habe keine Sanktionen gekannt außer «Kerker» und «Kopf ab». Den Richtern stand eine ganze Reihe teils brutaler, teils kurioser Züchtigungen zur Auswahl. Eine dieser vielen Strafen sah vor, den Oberkörper des Verurteilten in das Fell eines Ziegenbockes einzunähen. Derart bewegungseingeschränkt wurde er dann durchs Dorf getrieben, während sämtliche Bewohner eingeladen waren, ihn nach Lust und Laune mit Tritten und Stockhieben zu traktieren (lateinisch *tractare* – behandeln, handhaben).

Diese Zwangsjacke aus Ziegenfell nannte man im 8. Jahrhundert noch «Bockes Hamo» («Hamo» ist das althochdeutsche Wort für «Gewand»). Als das Althochdeutsche dann vor etwa tausend Jahren langsam vom Mittelhochdeutschen (→ Hilfreiche Fachausdrücke) abgelöst wurde, geriet die Bedeutung des Wortes «Hamo» in Vergessenheit. Das Sprichwort aber blieb, nur dass man zum Bock nun etwas hinzudichtete, das ähnlich klang und vermeintlich besser passte: Horn. Wer «sich nicht ins Bockshorn jagen lässt», hütet sich also davor, sich so einschüchtern zu lassen wie jener, der in ein Fell eingenäht durchs Dorf getrieben und von allen nach Belieben geprügelt wird.

JEMANDEM DIE STANGE HALTEN

BEDEUTUNG   einem Freund, Partner oder Kollegen in schweren Zeiten
beistehen

HERKUNFT   Richterlich angeordnete Duelle im 13. Jahrhundert, bei
denen Todesfälle nach Möglichkeit vermieden werden
sollten.

Es ist kaum vorstellbar, aber wahr: Einige hundert Jahre bevor
Fernsehrichter die hanebüchenen Drehbücher von Redakteuren
des Privatfernsehens mit lautstarken Laiendarstellern nachstell-
ten, da arbeiteten Juristen noch bei Gericht und sprachen Recht
über reale Fälle. Dennoch kam es auch bei diesen echten Prozes-
sen manches Mal zu reichlich Tumult, vor allem wenn Aussage
gegen Aussage stand und keine Partei von ihrer jeweiligen Position abrückte. Der Richter konnte in diesem Falle zu einem aus
heutiger Sicht recht sonderbar wirkenden Instrument der mittelalterlichen Gerichtsbarkeit greifen: Er ordnete einen Zweikampf
der beiden Parteien an. Im sogenannten Sachsenspiegel (→ Hilfreiche Fachausdrücke), der bedeutendsten Gesetzessammlung
der Zeit, wurde diese Möglichkeit der Entscheidungsfindung ausdrücklich festgeschrieben:

«Wenn sich die Zeugenaussagen beider Parteien widersprechen und keine Partei der anderen weichen will, so sollen zwei aus ihrer Mitte, einer aus jeder Partei, ausgewählt werden, damit sie mit Schild und Stöcken auf dem Kampfplatz kämpfen.»

Das Gericht ließ in solch einem Fall aber nicht einfach das «Recht des Stärkeren» walten. Weil kein Urteil gefällt werden konnte, übergab man die Gerichtsbarkeit lediglich an eine höhere Instanz – nämlich an Gott. Das Gericht war nämlich festen Glaubens, dass Gottes Hand in den Kampf eingreifen und demjenigen beistehen würde, der in der Prozesssache recht hatte. Der Kampf sollte also offenbaren, wer der Schuldige war, sodass der Richter diesen anschließend nur noch bestrafen musste. Als ob die vom Gegner bezogenen Prügel nicht schon ausgereicht hätten.

Zu einem solchen gerichtlich anberaumten Duell durfte laut Sachsenspiegel jeder Kämpfer noch einen Freund mitbringen. Seine Aufgabe war klar umrissen:

«Jedem von ihnen soll der Richter einen Mann geben, der seine Stange trage. Der soll sie in nichts hindern, außer dass er die Stange dazwischen stecke, wenn einer von ihnen fällt oder wenn er verwundet wird oder die Stange erbittet.»

Wurde es während des Zweikampfes brenzlig, hielt einer der Sekundanten die Stange zwischen die Kämpfer, um seinen Freund vor einer unmittelbaren Gefahr für Leib und Leben zu schützen.

Übrigens: «Jemanden *bei* der Stange halten» bedeutet, jemanden zu motivieren, damit er nicht das Interesse verliert. Diese Redensart geht zurück auf die Fahnenstange. Der kommandierende Offizier einer Truppe musste dafür Sorge tragen, dass seine Soldaten nicht fahnenflüchtig wurden; er musste sie bei Laune halten, damit sie «bei der (Fahnen-)Stange blieben».

«Willi! Immer schiebst du alles auf die lange Bank!»

Gisela (52) wartet nun schon sehr lange auf
die Hochzeit mit ihrem Dauerverlobten.

ETWAS AUF DIE LANGE BANK SCHIEBEN

BEDEUTUNG   eine Entscheidung herauszögern; etwas lange unerledigt
lassen

HERKUNFT   Eine real existierende, hölzerne Bank, deren genauer
Standort unbekannt ist.

Wo genau sich die lange Original-Bank befand, auf die Sachen
geschoben wurden, ist nicht abschließend geklärt. In Frage kommen:

1.) Der sogenannte Reichssaal im Alten Rathaus von Regensburg, in dem sich zwischen 1663 und 1806 in unregelmäßigen
Abständen alle versammelten, die im Heiligen Römischen Reich
Deutscher Nation etwas zu sagen hatten: Kurfürsten, Fürstbischöfe, Grafen sowie Vertreter der freien Städte. Dieser «Immerwährende Reichstag» entschied über allerlei Anträge und unterbreitete dem Kaiser diesbezüglich Vorschläge. Und in diesem
Reichssaal stand und steht noch heute: eine lange Bank.

2.) Das Reichskammergericht in Wetzlar, das zwischen 1495 und
1806 das war, was für uns heute der Bundesgerichtshof in Karlsruhe ist: das höchste Gericht. Vors Reichskammergericht kamen
Fälle, in denen zwei deutsche Fürsten miteinander im «Clinch»
lagen. Das Gericht sollte Blutfehden und Kriege zwischen Einzelstaaten des Deutschen Reiches verhindern. In Wetzlar wurden
aber auch Zivilprozesse in letzter Instanz verhandelt. Ein junger

Anwalt, der später einmal Verkehrsminister von Thüringen werden sollte, namens Johann Wolfgang von Goethe machte 1772 am Reichskammergericht in Wetzlar ein Praktikum. Alte Kupferstiche zeigen auch im Sitzungssaal des Reichskammergerichts eine lange Bank.

Ganz gleich, welche Bank nun die echte «lange Bank» war, das Sprichwort leitet sich davon ab, dass sie nicht nur als Sitzgelegenheit für die Antragsteller diente, die auf die Verhandlung ihrer Sache warten mussten. Die lange Bank wurde auch als Ablage für Aktenstapel missbraucht. Kam ein neuer Fall hinzu, der nicht sofort bearbeitet werden konnte, wurden die alten Akten auf der Bank weiter geschoben, um so Platz für die neuen Schriftstücke zu machen. Es wurde einfach alles «auf die lange Bank geschoben», anstatt sich gleich darum zu kümmern.

Manchmal wurde sogar so viel «aufgeschoben», dass selbst der Platz auf der langen Bank nicht mehr ausreichte. Dann hängte man die Akten angeblich unter die Decke, woraus die Formulierung «schwebendes Verfahren» resultiert.

Übrigens: Das Geldinstitut «Bank» und die Sitzgelegenheit (Park-)«Bank» sind im Deutschen deshalb ein Teekesselchen oder auch *Homonym* (→ Hilfreiche Fachausdrücke), weil sie von zwei ähnlich klingenden Wörtern mit unterschiedlicher Bedeutung abstammen. Die Kreditinstitute haben ihren Namen vom italienischen *«banco»*, was «Theke», «Ladentisch» oder «Marktstand» bedeutet. Die Bezeichnung für die Sitzgelegenheiten kommt hingegen vom althochdeutschen Wort «banc» für «Erhöhung».

Und wo wir gerade dabei sind: «Clinch» ist englisch und bedeutet «Umklammerung». Gemeint sind die sich erschöpft aneinanderklammernden Boxer, die der Ringrichter trennen muss.

? Welche Bezeichnung für eine «verhaltensauffällige» Person (ein Wort) suchen wir? Auf Seite 67 finden Sie die Antwort!

ETWAS AUFS TAPET BRINGEN

BEDEUTUNG etwas zur Sprache bringen; etwas zum Thema machen
HERKUNFT Die Oberfläche alter Kanzlei- und Verhandlungstische, an
denen wichtige Fragen diskutiert wurden.

Bei der Benutzung von Redewendungen kann es immer wieder
zu sprachlichen Auffahrunfällen kommen: «So kommen wir
ja nie auf einen gemeinsamen Zweig!», «Also, da rennst du bei
mir offene Ohren ein!» oder «Durch diesen sauren Apfel müssen
wir durch!» – das sind nur einige der zahlreichen kuriosen Beispiele dafür, was passiert, wenn man bei der Verwendung von
Redewendungen ungeübt, aber dennoch selbstbewusst zu Worte
schreitet. Zu den häufig fehlerhaft benutzten Redewendungen
gehört auch «Etwas auf Tapet bringen». Die falschen Varianten
reichen von «Etwas aufs Trapez bringen» über «Etwas aufs Tablett bringen» bis hin zu «Etwas aufs Tableau bringen».

Die korrekte Form «etwas aufs Tapet bringen» («Tapet» bitte
mit einem stummen T am Wortende sprechen) kommt von der
französischen Formulierung *«mettre une affaire sur le tapis»*.
Übersetzt bedeutet das in etwa: «Eine Affäre auf den Teppich legen.» «Ha! Typisch Franzosen!», mag da der ein oder andere denken – wer etwas nachsichtiger ist, gibt zu bedenken, dass *«affaire»*

auch «Angelegenheit» und «*tapis*» neben Teppich auch «Tisch-decke» bedeuten kann. Das inzwischen veraltete deutsche Wort «Tapet» ist von diesem französischen «*tapis*» abgeleitet, wie auch das Wort «Tapete». Als «Tapet» bezeichnete man das grüne Leder oder Tuch, mit dem Verhandlungs- und Kanzleitisch bespannt wurden. Brachte man ein neues Thema in die Verhandlung ein, so wurde es im übertragenen Sinne «aufs Tapet gebracht».

Eine Strategie, die ausschließlich auf diesem Tapet und ganz ohne Feldforschung und Experimente erdacht wurde, war nicht immer praxistauglich. Das zeigt die abschätzige Redensart «Das ist doch bloß ‹am grünen Tisch beschlossen› worden!», die besagt, dass sich erst noch in der Praxis zeigen muss, ob funktioniert, was da im stillen Kämmerlein erdacht wurde.

Übrigens: Ein solcher mit grünem Samt bespannter Tisch, der Zeuge von allerlei Besprechungen wurde, soll auch im Alten Rathaus von Regensburg gestanden haben. Dort, wo vielleicht auch die lange Bank stand (→ Etwas auf die lange Bank schieben).

Und wo wir gerade dabei sind: «Olle Kamellen» sind keine Überbleibsel vom Rosenmontagszug, sondern alte Kamillenblü-ten, die ihre Heilkraft verloren haben, also keine Wirkung mehr entfalten können. Ähnlich ausgelaugt wie diese alten Blüten sind auch die altbekannten Geschichten, die man «olle Kamellen» nennt.

RADEBRECHEN

BEDEUTUNG eine Sprache nicht sicher beherrschen; nur gebrochen sprechen

HERKUNFT Eine fiese Foltermethode, bei der ein Rad ein gewichtige Rolle spielt.

Achtung! Diese Ausführung ist für Leser unter 16 Jahren nicht geeignet! Denn das sogenannte «Rädern» oder «Radebrechen» gehört zu den wohl grausamsten Rechtsbräuchen aus dem Sachsenspiegel (→ Hilfreiche Fachausdrücke). Es handelt sich dabei um eine Strafe, die bei Mord und besonders schweren Raubdelikten zur Anwendung kam:

«Die Kirchen und Kirchhöfe berauben, die soll man radebrechen. Mordbrenner (Brandstiftung mit Todesfolge) soll man radebrechen. Die Mühlen berauben, soll man radebrechen. Mörder soll man radebrechen.»

Beim Radebrechen dienten nicht glühende Kohlen oder Scheiterhaufen als Folter- und Hinrichtungsinstrumente, sondern ein großes, mit Eisen beschlagenes Wagenrad namens Richtrad. Der Henker ließ das schwere Richtrad zunächst krachend auf die Gelenke des Verurteilten fallen und brach ihm dabei fast alle

Knochen in Armen und Beinen. Danach wurde der Delinquent (lateinisch *delinquere* – sich vergehen, einen Fehltritt begehen) an ein weiteres großes Wagenrad gebunden. Die gebrochenen Gelenke ermöglichten es, Arme und Beine auf groteske Art in die Radspeichen zu flechten. In dieser Haltung wurde derjenige dann vom Scharfrichter erdrosselt oder enthauptet.

Doch die Bestrafung ging noch über den Tod hinaus; denn anschließend wurde der Tote für «vogelfrei» erklärt. Das war allerdings nicht so positiv gemeint, wie es heute oft verstanden wird. Der «Vogelfreie» war nicht frei wie ein Vogel, sondern sein Leichnam wurde frei für die Vögel – denn er wurde ihnen und anderen Tieren zum Fraß überlassen. Nach dem Tod wurden die sterblichen Überreste des armen Sünders daher nicht auf den Friedhof gebracht, sondern auf den Schindanger, wo sonst Tierkadaver gehäutet wurden und sich die Aasfresser um die Beseitigung der unbrauchbaren Reste kümmerten. Dies stellte eine zusätzliche Strafe dar, denn wer ohne kirchlichen Segen und nicht in geweihter Erde bestattet wurde, der war auch bei der Wiederauferstehung der Toten beim Jüngsten Gericht nicht mit dabei.

Mit dem Verschwinden dieser äußerst rabiaten Hinrichtungsmethode wurde «radebrechen» zunächst zu einem Synonym für «quälen», bis es schließlich damit gleichgesetzt wurde, eine Sprache zu quälen bzw. zu verstümmeln. Daher kommen Formulierungen wie «eine Sprache nur gebrochen sprechen» oder «radebrechen».

Übrigens: Auch die Redewendung «sich wie gerädert fühlen» hat ihren Ursprung in der unappetitlichen Praxis des «Räderns». Führt man sich allerdings die oben beschriebenen Einzelheiten dieser Strafe vor Augen, so wirkt es unfassbar übertrieben, wenn wir mit schmerzendem Rücken nach einer schlaflosen Nacht befinden: «Heute fühl ich mich aber wie gerädert.»

Und wo wir gerade dabei sind: Der «Scharfrichter» hat seinen Namen von dem scharfen Schwert, mit dem er hin (und wieder) richtet. Ein anderer Name für den gleichen Beruf lautet «Henker», abgeleitet vom althochdeutschen Wort «henken» für «erhängen».

WÖRTER MIT MIGRATIONS- HINTERGRUND

Vor etwas mehr als 2000 Jahren erkannten die Kimbern, ein Volk, das auf dem Gebiet des heutigen Dänemarks und Schleswig-Holsteins lebte, dass es bei ihnen zu Hause schweinekalt war. Also beschlossen sie nach Süden zu ziehen, dort wo reichlich Sonne für ein angenehmes Klima und bessere Ernten sorgte.

Dies war nur eine von vielen Wanderungen, die Völker kreuz und quer durch ganz Europa unternahmen: Hunnen wanderten von Russland bis nach Frankreich, Goten marschierten von Polen nach Spanien, Angeln und Sachsen packten ihre Siebensachen und zogen nach Britannien. Auch auf dem Gebiet, das heute deutschsprachig ist, gaben sich die Völker die Klinke in die Hand und legten einander Wörter in den Mund. Amerikanische G.I.s haben den deutschen Sprachschatz ebenso bereichert wie französische Hugenotten, Herrscher aus dem hohen Norden und das römische Imperium. Die meisten «fremden» Wörter im Deutschen sind übrigens nicht die von konservativen Sprachschützern so oft verteufelten Anglizismen, sondern die sogenannten Gräzismen, all jene Ausdrücke, die aus dem Griechischen entlehnt wurden. Daneben gibt es noch eine Reihe von Polonismen (aus dem Polnischen abgeleitete Wörter) wie Gurke oder Peitsche. Einer der wenigen Fennizismen (Wörter, die aus dem Finnischen ins Deutsche übergingen) ist das Wort Sauna.

Kein Grund zur Sorge: Deutsch wird nicht aussterben, bloß weil hin und wieder neue Begriffe aus anderen Sprachen aufgenommen werden – spätestens nach ein paar hundert Jahren glauben alle, Wörter wie «Idee», «Problem», «Tee», «Büro», «Pyjama», «Boss», «Pistole» und «Ganove» seien urdeutsch.

«Ihr sprecht schon fast wie ein Franzos.»
MEPHISTOPHELES ZU FAUST IN

JOHANN WOLFGANG VON GOETHES *URFAUST*

*«Also, das kleine Schwarze von Dior, das sieht an Ihnen
aber wirklich todschick aus!»*

Ernesto (eigenen Angaben nach 48,
laut Pass aber schon 57), Inhaber einer Boutique,
im Gespräch mit einer Stammkundin.

TODSCHICK

BEDEUTUNG besonders schick, sehr modisch

HERKUNFT Der falsch ins Deutsche übertragene französische Ausdruck tout chic, den französische Flüchtlinge im 17. Jahrhundert mitbrachten.

Die ins Deutsche neu einwandernden Anglizismen sind mancher-
ohrs immer noch nicht gern gehört. Über Gallizismen hingegen,
Worte, die aus dem Französischen übernommen werden, echauf-
fiert (französisch *échauffer* – erhitzen) man sich weit weniger.
Wahrscheinlich liegt es daran, dass wir schon länger an sie
gewöhnt sind. Nach dem Dreißigjährigen Krieg sprach man an
deutschen Höfen hauptsächlich Französisch, sodass uns Boulevard (→ Boulevardzeitung) und Konfitüre so leicht von der Zun-
ge gehen, als seien es urdeutsche Wörter. Wie der Begriff «todschick», dem man seine gallische Herkunft auf den ersten Blick
auch gar nicht ansieht.

Die französischen Protestanten wurden Hugenotten genannt – wieso, ist leider nicht abschließend geklärt: Das Wort
kommt entweder von «Eidgenossen» und entwickelte sich im
Französischen über die Form «*eygenot*» zu «*huguenot*», oder aber
es leitet sich vom flämischen «*Huis Genooten*» («Hausgenossen»)

ab. Unstrittig ist jedenfalls, dass diese Hugenotten es mit dem katholischen Klerus und den Königen der Grand Nation nie einfach hatten. Während der sogenannten Bartholomäusnacht 1572 zum Beispiel befahl die französische Regentin, Caterina de' Medici, tausende Hugenotten zu ermorden. Für die französischen Protestanten ging es im Laufe der Jahrhunderte hin und her – mal wurden sie von einem König geduldet, dann ließ sein Nachfolger all ihre Kirchen zerstören und verwies ihre Geistlichen des Landes.

Kein Wunder also, dass diese mal gut, mal weniger gut gelittene Minderheit immer wieder in Scharen ihr Heimatland verließ. Im 17. Jahrhundert, als mal wieder besonders viele Hugenotten auf der Flucht waren, fanden ungefähr 20 000 von ihnen im Kurfürstentum Brandenburg-Preußen eine neue Heimat, und zwar vor allem in Berlin. Überdurchschnittlich viele der neuen Berliner waren Fachkräfte aus dem Textilgewerbe: Tuchmacher, Wollspinner, Handschuh- und Strumpfweber sowie Hutmacher. Wenn diese französischen Nadel-und-Faden-Spezialisten in ihrer Manufaktur etwas tolles Neues kreiert hatten, dann riefen sie entzückt: «Oh, là, là, c'est tout chic!» Es war also richtig schick, ganz fein oder absolut fesch. Die Berliner Schnauze aber, selten um sprachliche Akkuratesse (lateinisch *accuratus* – sorgfältig, genau) bemüht, konnte das wohl nicht ganz originalgetreu wiedergeben und deutschte einfach ein: «*Ey, Schlucke, watt hat der jesacht?! Ick gloobe, todschick, wa?!*»

Übrigens: Auch 150 Jahre später gingen die Berliner wieder äußerst unsanft mit den schönen französischen Wörtern um, die nun mit den napoleonischen Truppen in die Stadt kamen. Denn die wohlklingende französische Bezeichnung für ein Bällchen aus Hackfleisch, «*la boulette*», vernuschelte der Berlin Volksmund zur «Bulette».

«Seitdem Peter im Lotto gewonnen hat,
benimmt er sich wie ein Bonze!»

Ali (27) erkennt seinen neureichen
Freund nicht mehr wieder.

BONZE

BEDEUTUNG Schnösel, der seinen Reichtum gern zeigt, aber nur ungern teilt.

HERKUNFT Ein japanisches Wort für Mönch.

Das Wort «Bonze» hat auf seinem langen Weg rund um den Globus schon so viele Bonusmeilen gesammelt, dass es sicherlich schon längst die schwarze Vielfliegerkarte besitzt und in den luxuriösen *Lounges* der internationalen Flughäfen kostenlose Cocktails schlürft – wie ein echter Bonze eben. Dabei hat das Wort ursprünglich überhaupt nichts mit Wohlstand oder Luxus zu tun – ganz im Gegenteil: *«Bozu»* ist ein japanisches Wort für «Priester» oder «Mönch».

Vielleicht war der portugiesische Seefahrer Fernão Mendes Pinto der erste Europäer, der diesen Ausdruck aufschnappte. Er gilt zumindest als erster Vertreter des Abendlandes, der jemals japanischen Boden betrat. An Bord einer chinesischen Piratendschunke erlitt der Entdecker 1543 Schiffbruch und landete so auf Tanegashima, ganz im Süden des japanischen Inselreiches. Hier sind ihm vielleicht auch die ersten *Bozu* über den Weg gelaufen – und die hatten nun wirklich nichts mit Reichtum am Hut. Vielmehr versuchten sie weltlichem Besitz zu entsagen, denn bei den *Bozu* handelt es sich um buddhistische Mönche. In den Augen der christlichen Europäer waren das wohl mehr als seltsame Mönche, die gar keinen richtigen Gott, sondern nur so ein komisches Nirwana hatten. Und so kam es in der Folge zu einer Bedeutungsverschiebung: Nachdem das Wort seinen Weg in verschiedene Reiseerzählungen gefunden hatte, wurde es bei uns in der leicht abgewandelten Form «Bonzo» zur Bezeichnung für einen (wohlgemerkt einheimischen!) Geistlichen, der den Menschen etwas anderes predigte, als er selbst vorlebte.

In Schillers Gedicht *Der Venuswagen* von 1781 kriegen so einige Bevölkerungsgruppen ihr Fett weg, unter anderem die Geistlichkeit:

«Kommt auch ihr, ihr sehr verdächtgen Weisen,
Deren Seufzer durch die Tempel schwärmt,
Stolz prunkieret, und vielleicht den leisen
Donner des Gewissens überlärmt,

Die ihr in das Eis der Bonzenträne
Eures Herzens geile Flammen mummt,
Pharisäer mit der Janusmiene!
Tretet näher – und verstummt.

Auf der Reise von Japan nach Europa hat das Wort also die Bedeutung «heiliger Mann» abgelegt und dafür die Bedeutung «scheinheiliger Priester» angenommen. Eine weitere Metamorphose (griechisch *metamórfōsis* – Umgestaltung) durchlebt der Ausdruck «Bonze» dann im 20. Jahrhundert. Die Nationalsozialisten benutzten das Wort besonders eifrig, und zwar um damit die angeblich korrupten Kader der anderen Parteien in der Weimarer Republik zu betiteln. Vom späteren Propagandaminister Goebbels stammt das Zitat:

*«Die Parteien müssen weg! Die politischen Bonzen werden aus
ihren Sesseln herausgejagt. Es wird kein Pardon geben.»*

Immer wieder schmähten die Nazis die Weimarer Republik als einen Staat, in dem das Volk angeblich nur dem Schein nach etwas
zu sagen hatte. Dafür erfanden sie laufend neue Begriffe: Kor-
ruptionsstaat, Schwindeldemokratie, *Bonzokratie*. Nach dem Zu-
sammenbruch des Dritten Reiches lebte der Begriff im Vokabular
der DDR-Bürger weiter. *Bonzen* wurden jene Parteifunktionäre
genannt, die Volvo fuhren und sich in ihrer abgeschirmten Wald-
siedlung an Konsumgütern aus dem Westen labten, während alle
anderen zwölf Jahre auf einen Trabi warteten und im Plattenbau
Nudossi-Brote mampften.

Auch heute noch werden einflussreiche Menschen aus Politik
und Wirtschaft gelegentlich als *Bonzen* bezeichnet. Viel häufiger
wird *Bonze* jedoch als Schimpfwort für jene (Neu-)Reichen benutzt, die anderen ihren Besitz zwar ausgesprochen gern unter
die Nase halten, aber nicht im Traum daran denken, sie teilhaben
zu lassen. Entsprechen wird das Adjektiv «bonzig» mitunter als
Synonym für «protzig» verwendet.

Wenn das die japanischen *Bozu* wüssten, die doch versuchen,
so asketisch (griechisch *askein* – üben) wie nur möglich zu leben ...

KETCHUP & MAYONNAISE

BEDEUTUNG Saucen «für aufe» Pommes drauf

HERKUNFT Ketchup ist der Name einer chinesischen Fischsauce; eine Mayonnaise-Legende erzählt von einer französischen, fetttriefenden Triumph-Fete auf der Insel Menorca.

Vor einigen hundert Jahren, irgendwo in China, beschließt ein Fischer, seinen Fang zwecks besserer Haltbarkeit in Salz einzulegen. Aus dieser Lake entwickelt sich eine Fischtunke, die man auch als Sauce verwenden kann. Sie wird in China unter dem Namen «*kê-tsiap*» bekannt. Das Wort «*kê-tsiap*» scheint danach viel in Südostasien herumgekommen zu sein, denn später ist es in verschiedenen Ländern mit jeweils unterschiedlicher Bedeutung wieder aufgetaucht. In Indonesien werden Bohnen zu einer Sauce mit dem Namen «*kecap*» verarbeitet, und in der malaiischen Küche gibt es eine Fischsauce namens «*kicap*».

Als die Briten im 17. Jahrhundert nach Südostasien vordringen, entdecken sie in den Saucentöpfchen der Region etwas, das «*catchup*» genannt wird. Bei der ersten Erwähnung in englischen Kochbüchern des 18. Jahrhunderts wird *catchup* noch definiert als «eine feine ostindische Sauce, zubereitet aus Sardellen, Zwiebeln, Essig, Weißwein und Gewürzen.» Von Tomaten ist in diesem Rezept noch nicht die Rede; die kommen erst Anfang des 19. Jahrhunderts dazu, wahrscheinlich inspiriert von italienischer Tomatensauce. So weit der Ketchup.

Über die Herkunft des Wortes «Mayonnaise» gibt es leider nur deutlich weniger gesicherte Erkenntnisse. Vielleicht ist an folgender Legende etwas Wahres dran; der historische Kontext stimmt jedenfalls schon mal: Im Jahr 1756 beginnt der sogenannte Siebenjährige Krieg. Es kämpfen (unter anderem) Großbritannien und Preußen auf der einen Seite gegen Österreich und Frankreich auf der anderen Seite. Gleich zu Beginn des Krieges kommt es zwischen britischen und französischen Truppen zu einer Schlacht um die Insel Menorca – die Engländer sitzen schon drauf, die Franzosen wollen sie haben. Mit ihren deutlich besser bewaffneten Schiffen gelingt es den Franzosen schließlich, die Engländer von der Insel zu vertreiben. Angeblich feiern die Franzosen diesen Sieg mit einer Riesensause, für die eigens eine Riesen*sauce* erfunden wird – voll fett, voll lecker und angeblich nach Mahón, der Hauptstadt Menorcas benannt: *la Mahonnese*.

Der Name der Stadt Mahón wiederum geht einer anderen Legende nach zurück auf Magon Barkas, einen Bruder des karthagischen Feldherren Hannibal Barkas. In der Sprache Karthagos, also auf Punisch, bedeutet der Name Magon «gottgesandt» – somit wäre die Mayonnaise also eine von Gott gesandte Sauce. Wer wollte dem widersprechen?

? Welcher ursprünglich englische Begriff (ein Wort) ist hier gemeint?
Die Antwort steht auf Seite 185.

*«Halt! Schmetterlinge sind doch die
schönsten Insekten der Welt!»*

Sonja (29), Grundschullehrerin, versucht
eindringlich, Lucas (8) daran zu hindern,
ein Pfauenauge zu zerlegen.

SCHMETTERLING

BEDEUTUNG Tagfalter

HERKUNFT Die Vorliebe dieser Insekten für ein (slawisches) Molkereiprodukt.

Der «Kanarienvogel» heißt so, weil er von den Kanarischen Inseln
kommt. Ein «Maulwurf» hat seinen Namen vom Mull (mittel-
niederdeutsch «Erde»), also von dem Erdhaufen, den er aufwirft.
Und ein Krokodil ist ein griechischer Kies-Wurm (griechisch *kroke*
– Kies sowie *drilos* – Wurm). Nicht logisch? Vielleicht doch, wenn
man bedenkt, dass im Mittelhochdeutschen das Wort «Wurm»
ein Kriechtier, also ein Reptil, bezeichnete. Aber woher hat dann
der Schmetterling seinen Namen? Man kann der alten Ex-Raupe
ja viel vorwerfen, aber bestimmt nicht, dass ihre Flügel beim Fliegen laut schmettern.

Der Zoologe nennt das bunte Flattervieh noch schnell *Lepido-
ptera* (griechisch *lepis* – Schuppe; *pteron* – Flügel), bevor er es
dann aufspießt, um es in einen Glaskasten zu sperren. Die alten
Griechen hatten den unbestreitbar schönsten Namen für dieses
zarte Insekt. Sie nannten ihn nach der wunderschönen Königs-
tochter *Psyche*, einer Figur aus der antiken Mythologie, in die sich
der Gott *Eros* unsterblich verliebt. «*Psyche*» hatte bei den Griechen

aber auch die Bedeutung von «Hauch», «Atem» und «Seele». In den leicht dahinflatternden Wesen erblickten sie die umhertanzenden Seelen der Verstorbenen, die nach dem Tod ihrem Kokon, also der sterblichen Hülle des Körpers, entflogen waren.

Ach! Welch klangvolle Namen trägt dieser Tänzer im Lufthauch der Sprachen! In Italien heißt er *farfalla*, in Frankreich *papillon*! Nur für die englische Sprache war offensichtlich kein schöner Begriff mehr übrig, dort muss sich das Faltertier schnöde als *butterfly*, also Butterfliege, titulieren lassen. Doch nicht nur dort, auch in ländlichen Regionen Süddeutschlands schimpft man den Schmetterling mitunter einen «Milchdieb» oder «Molkenstehler»! Welch garstiges Wort für solch zartbeflügeltes Wesen.

Aber auch in «Schmetterling» ist ein Molkereiprodukt versteckt. Denn «Schmetten» ist ein anderes Wort für «Schmand», jenes fettreiche Milchprodukt aus Sahne, das sich in mancher Sauce und manchem Kuchen versteckt. Es ist abgeleitet vom tschechischen Wort *«smetana»* für «Sahne». Bedřich Smetana, dem wir unter anderem das beliebte Musikstück *Die Moldau* verdanken, würde eingedeutscht also den plumpen Namen «Friedrich ‹Fritz› Sahne» tragen.

Bleibt die Frage, was Schmetterlinge mit Milchprodukten zu tun haben. Die Sagenwelt Südosteuropas lehrt uns, dass Hexen offenbar eine besondere Vorliebe für Milch haben. Doch die Bauern hatten seinerzeit nix zu verschenken, und schon gar nicht an so unansehnliche Weibsbilder. Näherte sich eine Hexe mit Besen, Spitzhut und Warze auf der Nase den Milchkannen, schlug der Bauer das alte Hutzelweib mit seiner Forke in die Flucht, noch ehe sie auch nur einen Tropfen Milch hatte naschen können. Daher, so die Legende, verwandelten sich Hexen in zarte Schmetterlinge, wenn sie am helllichten Tag unbehelligt den Rahm abschöpfen wollten. Diese Erzählungen beruhen auf der Beobachtung, dass Schmetterlinge sich tatsächlich gern auf dem Milchrahm niederlassen.

Die Geschichten von milchnaschenden Hexen erzählte man sich in Böhmen, Süddeutschland und Österreich so gern, dass das Wort «Schmetterling» die ursprünglich in Deutschland gebräuchliche Bezeichnung «Falter» ab dem 18. Jahrhundert zunehmend verdrängte.

BANAUSE

BEDEUTUNG bildungsfern; ahnungslos, wenn es um Kunst und Kultur
geht

HERKUNFT Die am Ofen arbeitenden alten Griechen, denen Bildungs-
ferne attestiert wurde.

Eine Vielzahl der ins Deutsche eingewanderten Wörter stammt
aus dem Griechischen; unter Fachleuten spricht man von *Gräzismen*. Hierzu gehören politische Fachwörter wie «Monarchie»,
«Demokratie» und «Pornokratie» (Die gibt es wirklich. → «Voll
porno»), medizinische Begriffe wie «Arzt», Bakterie» und «Chirur-
gie» sowie Ausdrücke, die sich rund ums Thema Freizeitbeschäfti-
gung bewegen, wie «Diaphragma», «erogene Zone» und «Orgas-
mus». Auch «Banause» hat griechische Wurzeln und befindet sich
damit also in bester Gesellschaft. Als herablassende Bezeichnung
für Personen, die in Sachen Kunst und Kultur nicht sonderlich
bewandert sind, findet sich dieses Wort vorwiegend im Sprachschatz von Oberstudienräten, Liebhabern klassischer Musik und
Vernissagebesuchern, die damit ihre Geringschätzung für die in
ihren Augen Ahnungslosen kundtun.

Mit dem Wort «*baunos*» bezeichneten die alten Griechen einen Ofen, und «*bánausos*» war demzufolge derjenige, der am

Ofen arbeitete. Einen *bánausos* nannten sie aber nicht nur den, der schweißgetränkt am Ofen schuftete, sondern im übertragenen Sinn auch jeden anderen, der körperliche Arbeit verrichten musste. Dazu zählten Handwerker und Bauern, aber auch Händler sowie alle, die keine Kunst, sondern lediglich Kunsthandwerk schufen.

Die Griechen haben zwar die Mitbestimmung des Volkes erfunden, leider aber auch das Herabwürdigen hart arbeitender Volksgruppen. Und so war ein jeder, der mit seiner Hände Arbeit für den Unterhalt sorgte, aus Sicht der hohen Herren von niederem Rang. Aristoteles, ein Mann, der nicht einmal in der Lage gewesen wäre, eine Glühbirne auszuwechseln – so es sie im alten Griechenland denn schon gegeben hätte –, sprach ein besonders vernichtendes Urteil: Die *bánausos* hätten nicht nur wenig Bildung, ihre Tätigkeiten seien sogar das Gegenteil von Bildung. Er war daher auch entschieden gegen körperliche Arbeit im Rahmen der Erziehung und versuchte zeit seines Lebens den verstopften Ablauf an seinem Spülstein allein mit der Kraft des Geistes wieder frei zu bekommen.

Dem «Banausen» ist es im Grunde ganz ähnlich ergangen wie dem «Proletarier». Im alten Rom war «Proletarier» die Bezeichnung für einen Lohnabhängigen. Karl Marx übertrug den Ausdruck dann auf die Arbeiter in der Industrialisierung. Und heute werden die Kurzformen «Prolet», «Prollo» oder «Proll» als Schimpfwort für jemanden benutzt, der sich vor allem durch lautes, polterndes und dummes Verhalten hervortut (egal welcher Arbeit er nachgeht). Manchmal wird «Proll» auch als Synonym für «Angeber» verwendet und hat sich damit von der ursprünglichen Bedeutung meilenweit entfernt.

Die Sprache meint es nicht immer gut mit der arbeitenden Bevölkerung.

IKARUS, IKARUS – VON REALEN PERSONEN ZU GEFLÜGELTEN WORTEN

Zwischen dem 11. und 13. Jahrhundert trugen zahlreiche deutsche Herrscher die Namen Heinrich und Konrad. Daher waren diese Namen auch bei jungen Eltern im Volke sehr beliebt, was über viele Jahrhunderte zu einer wahren Heinrich-Konrad-Schwemme führte – übertroffen nur vom Marvin-Kevin-Überschuss in den 90er Jahren des vergangenen Jahrhunderts.

Wenn die Müllerstochter in dem Märchen *Rumpelstilzchen* den Kobold fragt: «Heißt du vielleicht Hinz? Oder vielleicht Kunz?», ist das also gar nicht so beliebig oder weit hergeholt, wie uns das heute erscheinen mag. Denn bei Hinz und Kunz handelt es sich um die jeweilige Kurzform der beliebten Namen Heinrich und Konrad.

Heute sind Kinder mit den Namen Heinrich und Konrad wieder seltener geworden, aber «Hinz und Kunz» ist uns als Synonym für «jedermann» erhalten geblieben.

Andere Personennamen haben sich in unserem Sprachgebrauch ebenfalls häuslich eingerichtet, auch wenn oft in Vergessenheit geraten ist, dass eine reale Person dahintersteckt.

«Die Namenserteilung ist kein gleichgültiges Anliegen und sollte nicht vom Zufall abhängen.»
PLATON (427–347 V. CHR.), GRIECHISCHER PHILOSOPH, DEN ELTERN VON BABETTE-CHEYENNE INS STAMMBUCH GESCHRIEBEN

Übrigens: Ikarus war in der griechischen Mythologie der Sohn des Baumeisters Dädalus. Vater und Sohn wurden auf Kreta von König Minos gefangen gehalten, da sie geholfen hatten, den Minotaurus im Labyrinth zu bezwingen. Tüftlervater Dädalus baute für sich und seinen Sohn Ikarus Gestänge mit Wachs und Federn, um der Insel auf dem Luftweg zu entkommen. Der Plan funktionierte, bis der übermütige Ikarus so hoch stieg, dass die Sonne das Wachs der Flügel zum Schmelzen brachte.

«Ich hab jetzt genug von diesem ganzen Gen-Mais und so. Ab jetzt kauf ich nichts mehr, wo Gene drin sind! Das boykottiere ich!»

Gerlinde (92) weiß zwar ganz genau, was ein Boykott ist, weniger genau, was Gene sind.

BOYKOTT

BEDEUTUNG   kollektive Weigerung als Protesthandlung
HERKUNFT   Der Name eines englischen Verwalters in einer irischen Grafschaft, dem die Pächter die Arbeit verweigerten.

Überall auf der Welt wird boykottiert: Mahatma Gandhi zettelte einen Boykott gegen britische Waren an, Martin Luther King rief dazu auf, den öffentlichen Nahverkehr in Montgomery, Alabama zu boykottieren, und wegen der Affäre um den Öltanker *Brent Spar* sah sich der *Shell*-Konzern über Monate einem Boykott ausgesetzt.

Die Bezeichnung für dieses Protestmittel entstand 1880 in der irischen Grafschaft Mayo. Auch wenn es nahezuliegen scheint, dieses County hat nichts mit Mayonnaise (→ Ketchup & Mayonnaise) zu tun. Die irische Schreibweise lautet Maigh Eo, was so viel bedeutet wie «Ebene der Eiben». Ende des 19. Jahrhunderts gehörte diese Grafschaft im Westen Irlands einem Earl englischer Abstammung. Der feine Herr bestellte seine Ländereien natürlich nicht selbst, er hatte sie an die Bauern der Region verpachtet. Und auch die Verwaltung dieser Pachtverhältnisse überantwortete der werte Earl anderen. Er ließ zu diesem Zweck eigens einen gestrengen Herrn aus England kommen, der ihm als Gutsverwalter zur Hand ging.

Die irischen Bauern litten zu jener Zeit sehr unter einer ganzen Reihe von Missernten. Nur wenige Jahre zuvor war die Ernte so verheerend ausgefallen, dass 1,7 Millionen Iren in die USA ausgewandert waren. Die desolate Lage der Bauern hinderte den englischen Gutsverwalter aber nicht daran, den fälligen Pachtzins schonungslos und pünktlich einzutreiben.

Rigorose Gutsverwalter (französisch *rigoureux* – streng, unerbittlich) und gierige Großgrundbesitzer waren damals leider keine Seltenheit, was die irischen Bauern schließlich dazu bewog, sich zu organisieren und die *Irish Land League* (ILL) zu gründen. Um dem unerbittlichen Verwalter in der Grafschaft Mayo beizukommen, initiierte die ILL dort eine besondere Aktion: Sämtliche Pächter und auch die Angestellten des Verwalters kündigten, die Händler der Region belieferten ihn nicht mehr, und selbst die Postboten weigerten sich, dem Gutsverwalter Briefe zuzustellen. Als Reaktion darauf ließ der Verwalter Arbeiter aus anderen Grafschaften holen, um die Felder zu bestellen. Allerdings mussten sie von einem derart großen Polizeiaufgebot vor dem Zorn der Ortsansässigen geschützt werden, dass die Kosten für den Polizeieinsatz schließlich höher ausfielen als die Erträge der Ernte.

Diese Aktion war nicht der erste Boykott der Weltgeschichte. Bereits gut 100 Jahre zuvor hatten zum Beispiel die amerikanischen Kolonisten, beginnend mit der *Boston Tea Party*, britische Waren wegen «horrender» (lateinisch *horrendus* – haarsträubend, schrecklich) Zölle boykottiert. Aber erst nach den Aktionen in der Grafschaft Mayo kamen die Worte «*a boycott*» und «*to boycott*» im Englischen auf. Denn der boykottierte Verwalter war in seine englische Heimat zurückgekehrt, wo er einen erbosten Brief über das Verhalten der irischen Bauern an die Tageszeitung *The Times* schrieb und damit seinen Namen weithin bekannt machte: Charles Cunningham Boycott.

*«Kompletter Name von Bangkok mit
167 Buchstaben – erster Buchstabe ist ein K ...
Ach, das weiß doch kein Schwein!»*

Heribert (71) schleudert entnervt das
Kreuzworträtsel in die Ecke.

DAS WEISS KEIN SCHWEIN /
DAS KANN KEIN SCHWEIN LESEN

BEDEUTUNG gehört nicht in den Bildungskanon des Normalsterb-
lichen / etwas ist unleserlich

HERKUNFT Eine ungewöhnlich gebildete Familie im heutigen Schleswig-Holstein.

Im 15. Jahrhundert lebte in Norddeutschland ein Mann namens
Peter Swyn. Er war einer der Anführer der sogenannten «Dithmarscher Bauernrepublik», ein Gebiet gleich nördlich der Elb-
mündung. Der zuständige Lehnsherr, der Erzbischof von Bremen,
hielt die Zügel eher locker, sodass die Dithmarscher zu dieser Zeit
über eine gewisse Autonomie verfügten. Diese Unabhängigkeit
galt es bisweilen aber auch zu verteidigen, zum Beispiel immer
dann, wenn mal wieder der dänische König auf der Matte stand
und das Land für sich beanspruchte. Peter Swyn konnte aber nicht
nur mit scharfer Klinge, sondern auch mit ebensolchem Verstand
für seine Heimat kämpfen – denn er hatte studiert!

Im Gegensatz zu 85 Prozent der damals lebenden Bevölkerung
waren die Swyns des Lesens und Schreibens mächtig. Was also
nicht einmal einer der Swyns zu lesen vermochte, das konnte
wohl niemand entziffern.

Peter Sywn und seiner Sippe sagte man ohnehin ein unglaublich hohes Maß an Bildung nach, sodass sie quasi als Referenz dienten: Wenn ein Mitglied der Familie Swyn etwas nicht wusste, dann wusste es wohl keiner.

Und der Name der Familie Swyn war das plattdeutsche Wort für Schwein.

Übrigens: Im Ausdruck «unter aller Sau» steckt auch kein echtes Schwein. Der Begriff hieß ursprünglich «unter aller seo», wobei «*seo*» ein jiddischer Ausdruck für «Maßstab» ist. Was «unter aller seo» war, das war so unterirdisch schlecht, dass es dafür noch nicht mal mehr einen Maßstab gab.

Opa Gerd (62) beim Anblick seines neugeborenen,
5532 Gramm schweren Enkelkindes.

MEIN LIEBER SCHOLLI

BEDEUTUNG Ausruf der Verwunderung oder Ermahnung
HERKUNFT Entweder ein seinerzeit real existierender österreichischer
Liedermacher oder flirtende Besatzungsfranzosen.

1783 fliegt, der Grund ist nicht bekannt, ein Student namens Ferdinand in hohem Bogen von der Uni Salzburg. Er ist vermutlich hugenottischer Abstammung (→ todschick), denn sein Nachname Joly klingt verdächtig wie das französische Wort «*jolie*» für «schön». Ferdinand Joly tut in dieser Situation, was viele Studienabbrecher tun: Er geht erst mal ins Ausland und jobbt ein wenig. So tingelt der Ferdi als fahrender Volksdichter und Komponist durchs angrenzende Oberbayern. Sein Publikum nimmt ihn als seltsamen Kauz voller ausgefallener Ideen wahr, und mit wachsendem Bekanntheitsgrad heißt er landauf, landab einfach nur noch «der Scholli». Noch heute existieren Sammlungen seiner Lieder, die diesen Titel tragen.

Nach seinem Rausschmiss aus der Uni führt «der Scholli» ein Vagabundenleben; 1823 verstirbt er schließlich im Örtchen Tittmoning im Landkreis Traunstein an der Grenze zu Österreich – unter freiem Himmel. Vielleicht hat dieses Lotterleben zu der Formulierung «mein lieber Scholli» geführt.

Womöglich sind aber auch flirtende Franzosen die Urheber. Ferdinand Jolys hugenottischer Nachname leitet sich, wie gesagt, wahrscheinlich von dem französischen Adjektiv *«jolie»* ab, das von französischen Herren auf Freiersfüßen gerne und oft zur Anmache genutzt wurde und wird – etwa in der Anrede *«ma chère jolie»* – «meine liebe Schöne». Ein Ausspruch, den man Anfang des 19. Jahrhunderts in Norddeutschland ausgesprochen häufig gehört haben soll. Denn zur gleichen Zeit, da Ferdinand Joly possenreißend durch die bayerischen Dörfer tingelte, hielten 900 Kilometer weiter nördlich napoleonische Truppen Hamburg besetzt. Die französischen Soldaten hatten natürlich auch ein Auge auf *«les femmes de Hambourg»* geworfen, und wenn sie diese ansprachen, dann hörte sich das zum Beispiel so an:

> *«Ma chère jolie – meine liebe Schöne! Wie wär es mit uns beiden?!»*

Der Anmachspruch scheint so gängig gewesen zu sein, dass es irgendwann zur Eindeutschung kam:

> *«Ma chère jolie, ma chère jolie! Die gehen aber ran, mein lieber Scholli!»*

Ob nun Ferdinand Joly oder *«Ma chère jolie!»* hinter unserem lieben Scholli steckt – darin ist sich die Sprachwissenschaft bis heute uneins.

? Welche Redewendung verbirgt sich hinter diesem Bild? Die Lösung finden Sie auf Seite 29.

«Ich stand hier gerade mal vier Minuten im Halteverbot; jetzt seien Sie mal nicht so ein Erbsenzähler!»

Thomas (34) erhöht gerade sein
Bußgeld von 15 auf 50 Euro.

ERBSENZÄHLER

BEDEUTUNG   Mensch, der alles übergenau nimmt
HERKUNFT   Eine Anekdote aus dem Leben des überkorrekten Reisebuchautors Karl Baedeker.

Wer seine Mitmenschen ständig verbessert, jedes Wort auf die Goldwaage legt und auch in eher unwichtigen Dingen ganz «akkurat» ist (lateinisch *accuratus* – genau, sorgfältig), wird mit kleinen, runden Lebensmitteln assoziiert:

Der «Korinthenkacker» ist nach der kleinsten Rosinenart benannt, der Korinthe, weil der Korinthenkacker es auch mit jedem noch so korinthenkleinen Detail ganz genau nimmt. Die Korinthe wiederum ist nach ihrer Herkunft benannt; die kleine getrocknete Traube kam ursprünglich aus der griechischen Stadt Korinth.

Das andere kleine, runde Lebensmittel ist die Erbse. Klein und handlich, eignet sie sich hervorragend als Gedächtnisstütze, wie Mitte des 19. Jahrhunderts der Verleger Karl Baedeker unter Beweis stellte. 1801 in Essen geboren, wurde er zum Revolutionär der Reiseliteratur. Seine Bücher im charakteristischen roten Einband fanden reißenden Absatz. Baedeker genoss den Ruf, übersichtlich, aktuell und vor allen Dingen sehr genau zu sein. Auf seinen Reisen notierte er akribisch sämtliche Daten der Sehenswürdigkeiten sowie die Eigenheiten und Merkwürdigkeiten der örtlichen Gasthäuser. Baedekers Genauigkeit scheint sogar schon im 19. Jahrhundert sprichwörtlich gewesen zu sein. In der englischen Fassung von Jacques Offenbachs Operette *La Vie parisienne* (*Pariser Leben*) heißt es an einer Stelle:

«*Kings and governments may err,*
But never Mr. Baedeker!»

«*Könige und Regierungen mögen sich irren,*
aber niemals Mr. Baedeker!»

Es ist wohl kein Zufall, dass die Operette von einem schwedischen Touristenpärchen handelt, das Paris besucht.

Über den in ganz Europa bekannten Herrn Baedeker erzählte man sich folgende Anekdote: Auf einer Italienreise besichtigte er auch den Mailänder Dom. Beim Aufstieg nahm er alle zwanzig Stufen eine trockene Erbse aus der Tasche seiner Weste und steckte sie in seine Hosentasche. Oben angelangt multiplizierte er die Zahl der Erbsen in seiner Hosentasche mit 20 und hatte so, ohne Gefahr zu laufen sich zu verzählen, die genaue Anzahl der Stufen ermittelt. Ein weiteres kleines Detail für seinen nächsten Reiseführer. Auf dem Weg nach unten soll er angeblich sogar die Gegenprobe gemacht haben, indem er die Erbsen wieder von der Hosen- in die Westentasche zurückwandern ließ.

Ein Erbsenzähler, wie er im (eigenen) Buche steht!

Übrigens: Um noch mal ordentlich Korinthen zu kacken: Ich schrieb eingangs von der Korinthe als kleinster Traube. Korrekt muss es heißen «kleinste Wein*beere*», denn eine Weintraube setzt sich aus den einzelnen Früchten, den Weinbeeren eben, zusammen. Deswegen spricht man auch von einer «Menschentraube».

? Welches Sprichwort haben wir hier ins Bild gesetzt? Wer nicht drauf kommt, schlägt nach auf Seite 43.

«Bei der Bockenbühler musst du aufpassen,
die ist unsere Graue Eminenz!»

Mareike (38) macht ihrer neuen Kollegin klar,
dass Chefsekretärin Bockenbühler die
eigentliche Chefin des Unternehmens ist.

GRAUE EMINENZ

BEDEUTUNG einflussreicher Macher im Hintergrund
HERKUNFT   Beiname eines engen Beraters von Kardinal Richelieu.

Karl Rove, George W. Bushs Berater Nummer eins, wurde oft die Graue Eminenz der Republikanischen Partei genannt. Auch Henry Kissinger, Außenminister und Berater verschiedener US-amerikanischer Präsidenten, trug dieses Etikett. Und Herbert Wehner war als jahrelanger Fraktionsvorsitzender die Graue Eminenz der SPD.

Das Wort Eminenz kommt vom lateinischen *«eminere»* – «herausragen». Es handelt sich um die offizielle Anrede für einen katholischen Kardinal, Bischöfe tragen den Titel Exzellenz. Sollten Sie je Gelegenheit bekommen, sich an einen echten Würdenträger zu wenden, achten Sie in der ausführlichen Anrede auf die ungewöhnliche Stellung des Vornamens. Korrekt heißt es: *Seine Eminenz der hochwürdigste Herr Jorge Mario* Kardinal *Bergoglio.* So sprach man Papst Franziskus an, bevor er 2013 zum *Pontifex Maximus* (auf Deutsch «größter Brückenbauer») gewählt wurde.

Viel einfacher als die komplizierte Anrede ist der Dresscode in der Chefetage Gottes: Der Papst trägt weiß, seine Kardinäle rot und die Bischöfe violett. Wenn der Papst einen Bischof in den Kardinalsrang erhebt, so setzt er ihm das Birett auf (die viereckige Mütze mit dem Puschel in der Mitte) und spricht:

«Rot symbolisiert, dass du tapfer bis hin zum Vergießen deines eigenen Blutes für den christlichen Glauben, für Frieden und Harmonie im Volk des Herrn, für Freiheit und die Verbreitung der heiligen römisch-katholischen Kirche einstehen wirst.»

Eine solche Eminenz ist auch der Bösewicht aus *Die drei Muske-tiere* von Alexandre Dumas, Kardinal Richelieu. Doch der Wider-sacher von Athos, Porthos und Aramis war nicht nur eine Roman-figur. Kardinal Richelieu hat tatsächlich gelebt und galt als einer der mächtigsten Männer Frankreichs im 17. Jahrhundert. Riche-lieu wurde bereits im zarten Alter von 21 Jahren zum Bischof ge-weiht und mit nur 29 Jahren an den Hof von König Ludwig XIII. (Vater des Sonnenkönigs) berufen. Hier arbeitete er zunächst als eine Art Außen- und Kriegsminister, schließlich stieg er als *Erster Minister* zum einflussreichsten Mann gleich nach dem König auf.

1622 wurde Richelieu auch Kardinal, er war also eine echte, eine rote Eminenz. Hinter Richelieu stand aber stets sein engster Berater – und der war weit weniger prachtvoll gekleidet. Denn dieser Mann im Hintergrund namens Père Joseph gehörte dem Kapuzinerorden an und trug dementsprechend eine einfache Kutte, ein Ordensgewand aus ungefärbter Wolle. Das Habit der Kapuziner ist eigentlich braun, in etwa die Farbe, die ein Cappuc-cino hat, weswegen die Kaffeespezialität auch nach den Mönchs-kutten benannt wurde. In wärmeren Regionen darf jedoch auf die Färbung des Stoffes verzichtet werden – wie im Falle von Père Joseph, dessen Kutte von mausgrauer Farbe war.

Père Joseph war jedenfalls ein ausgezeichneter Diplomat, nutzte die Kapuzinerklöster in aller Welt als ein weit gespanntes Netz von Informanten und kannte die intimsten Geheimnisse des Kardinals – weil er praktischerweise nämlich dessen Beichtvater war. Da er so viel Einfluss hatte wie ein Kardinal, aber lediglich ein graues Gewand trug, nannte man ihn am französischen Hof «*la éminence grise*» – «die graue Eminenz».

Einer seiner Gegner schrieb über Père Joseph:

«Dieser Mann dringt in meine geheimsten Gedanken ein; er weiß Dinge, die ich nur einigen Leuten von erprobter Verschwiegenheit mitgeteilt habe, und er geht, ohne dass irgendjemand imstande ist, ihn zu beobachten. Ich will schwören, der Teufel sitzt diesem Pater im Leib.»

LINKS, ZWO, DREI, VIER –
WÖRTER AUS DEM MILITÄR

Der Grieche Heraklit (520 bis 460 vor Christus) stand tagsüber Modell für togatragende Statuen – nach Feierabend war er aber, die wenigsten wissen es, auch Philosoph. Einst stellte er fest:

«Der Krieg ist aller Dinge Vater.»

Das Militär hat in der Tat vieles zu Kriegszwecken hervorgebracht, das heute auch zivil genutzt wird: neben Radarortung und GPS gehören dazu gefriergetrocknetes Essen, Cargo-Hosen und Panzertape. Zum weltweiten Erfolg entwickelte sich auch das Internet, das im Kalten Krieg als Kommunikationsmittel für den Angriffsfall erdacht wurde.

Immer wieder hat der Krieg den Alltag der Menschen diktiert. Umgeben und bestimmt vom Krieg marschierten militärische Fachausdrücke und Wörter der Soldatensprache ins Deutsche ein und errichteten in unserem Wortschatz einen Brückenkopf.

Noch immer kommt ein plötzlicher Ausruf bei uns «wie aus der Pistole geschossen», ist etwas ordentlich im Regal einsortiert, so steht es «in Reih und Glied», und wenn alle noch mal auf dem Klo waren und endlich die Jacken angezogen haben, dann geht es «Ab, marsch!»

Es ist erstaunlich, hinter welchen Redewendungen noch immer der Soldatenalltag hervorlugt.

«*Andere Staaten besitzen eine Armee, Preußen ist eine Armee, die einen Staat besitzt.*»

Honoré Gabriel de Mirabeau (1749–1791), französischer Politiker, Jakobiner und Präsident der National-versammlung

TOLLPATSCH

BEDEUTUNG Synonym für einen ungeschickten Menschen
HERKUNFT Ein vom ungarischen Wort «talp» – «Sohle» abgeleiteter Spitzname für ungarische Fußsoldaten.

Ein seltsames Wort ist das, mit dem wir alle bezeichnen, die auf zwei linken Füßen durchs Leben stolpern: Tollpatsch. Auch wenn es ähnlich klingt und aussieht, es ist weder mit «toll» noch mit «patschen» verwandt. Tatsächlich sind es die Sohlen der erwähnten linken Füße, die uns dem Tollpatsch auf die Spur bringen, denn das ungarische Wort für «Sohle» lautet *«talp»*.

Im 17. Jahrhundert trugen ungarische Soldaten anstelle festen Schuhwerkes lediglich eine breite Sohle, die sie mit Hilfe von Schnüren notdürftig unter ihre Füße schnallten. Das machte die Fußsoldaten Ungarns über Jahrhunderte hinweg zur bewegungsineffizientesten Infanterie der Militärgeschichte (bis sie vom 87. Mailänder Stöckelschuh-Bataillon «Claudia Schiffer» abgelöst wurden).

Die Fußtruppen aus der Puszta, die lediglich auf ihren Sohlen, den *talpak*, unterwegs waren, erhielten den Spitznamen *«talpas»*, was breitfüßig oder schwerfällig bedeutet. In leicht abgewandelten Formen tauchte diese Bezeichnung dann auch in anderen

Sprachen auf; im Französischen zum Beispiel hieß der ungarische Infanterist *talpache* und im Deutschen eben Tollpatsch.

Für die Österreicher, die ab dem 19. Jahrhundert mit den Ungarn zusammen eine Doppelmonarchie bildeten, hatte das Wort «Tollpatsch» nichts mit Ungeschicklichkeit zu tun. Hier diente es als ganz allgemeine Beleidigung für alle Slawen und Ungarn im gemeinsamen Heer, die nicht «anständig Deutsch» sprachen. In unserem heutigen Verständnis von Tollpatsch schwingt aber die Unbeholfenheit des ungarischen Fußsoldaten mit, der mit seinen mehr als unpraktischen Schnürsohlen wahrscheinlich in so manchen «Schlamassel» hineingestolpert ist.

Übrigens: Der Schlamassel wiederum kommt vom jiddischen «*shlimazl*» – «Pech», «Unglück». Der Wortteil «*masel*» bedeutet wörtlich «ein Tropfen von oben». Bekannt ist er aus dem Segenswunsch «*Masel tov*» – «viel Glück», den man zum Beispiel auf jüdischen Hochzeiten hört.

«Beim Chinesen ess' ich jedes Mal die 7 und die 19.
Irgendwie ganz schön 08/15.»

Rainer (51) beginnt an seinen
Essgewohnheiten zu zweifeln.

NULLACHTFÜNFZEHN / 08/15

BEDEUTUNG Synonym für Routine, Gewöhnliches und Alltägliches
HERKUNFT Typenbezeichnung eines deutschen Maschinengewehrs.

Bis zum Ersten Weltkrieg gab es keine einheitlichen Standards in der Ausrüstung deutscher Soldaten – Preußen schossen mit anderen Gewehren als Bayern, Württemberger warfen andere Granaten als Sachsen. Das war so unpraktisch wie die konkurrierenden Videosysteme in den 1970er Jahren. Deutsche Truppen konnten zum Beispiel nur bedingt Ersatzteile untereinander tauschen.

Zu den ersten Ausrüstungsteilen, die im Deutschen Reich flächendeckend für alle Soldaten eingeführt und damit zum Standard wurden, gehörte ein Maschinengewehr mit der Typenbezeichnung 08/15. Das Gewehr war ursprünglich 1908 entwickelt worden, daher die «08» im Namen. Die Schnellfeuerwaffe war jedoch recht schwer, sodass ihre Handhabung im Gefecht etwas umständlich war. 1915 wurde daraufhin eine leichtere Variante vorgestellt: das MG 08/15, dessen Bedienung rasch für alle Soldaten zur Routine wurde.

Das im Ersten Weltkrieg noch recht moderne Maschinengewehr kam auch im Zweiten Weltkrieg zum Einsatz. Doch inzwischen galt es als überholt und veraltet. Daher erweiterte sich die

Bedeutung der zur geflügelten Zahl gewordenen Nullachtfünf-zehn: Neben «Standard» stand der Begriff nun auch für «unzeit-gemäß» und «Massenware».

Der frühere Oberleutnant der Wehrmacht Hans Hellmut Kirst schrieb in den 1950er Jahren eine Romantrilogie über das Leben der einfachen Soldaten. Als Titel wählte er eine Bezeichnung, die zum Inbegriff für soldatischen Alltag geworden war: 08/15. Für die junge Bundesrepublik, in der man gerade an Wiederbewaff-nung dachte, wurden die Romane zu einem Problem. Weil Kirst in seinen Büchern den schrecklichen Kriegsalltag drastisch und schonungslos beschrieb, gab es sogar Bestrebungen, das Werk zu verbieten. Franz Josef Strauß erreichte immerhin, dass zahlreiche Buchhändler Roman und Autor boykottierten (→ Boykott). Doch seine Bemühungen zeigten nur geringen Erfolg, mochte der da-malige «Bundesminister für besondere Aufgaben» auch noch so auf Kirst und seine Bücher schimpfen.

Die Romane wurden Bestseller und schließlich mit Blacky Fuchsberger und Mario Adorf verfilmt. Kirsts Trilogie entwickelte sich zum Symbol des Widerstands gegen die Remilitarisierung. Und der ganze Wirbel um die Bücher trug natürlich zur Populari-sierung des Ausdrucks «08/15» bei.

*«Ich hab nicht die geringste Ahnung, wie ich von
der Betriebsfeier nach Hause gekommen bin.
Ich war voll wie eine Strandhaubitze.»*

Udo (38) gesteht, gestern ein wenig zu
tief ins Glas geschaut zu haben.

VOLL / BLAU WIE EINE STRANDHAUBITZE SEIN

BEDEUTUNG   extrem betrunken
HERKUNFT   Ungewiss; vermutlich steckt die unsachgemäße Hand-
                habung eines Geschützes dahinter.

Wenn nach der Kneipentour der Deckel so aussieht, als hätten
sämtliche Statisten von *Ben Hur* ihre Pausen- und Feierabend-
bierchen darauf abgerechnet, und der Kater am nächsten Tag die
Ausmaße eines bengalischen Tigers erreicht, dann ist klar: Man
war mal wieder lattenstramm, granatenvoll, hackedicht bzw.
«voll wie eine Strandhaubitze».

Was da klingt wie der Name eines Wattenmeervogels, ist in
Wirklichkeit ein Geschütz, genauer gesagt, ein *Steilfeuer*geschütz,
sonst hätte es ja auch in diesem Kapitel nichts verloren. Die
Haubitzen stehen, im Gegensatz zu Kanonen, nicht an vorderster
Front, sondern schießen ihre Munition aus einem kurzen Lauf
im hohen Bogen über die eigenen Reihen hinweg ins Lager des
Feindes.

Die ersten Vorläufer der Haubitzen wurden bereits im 15. Jahrhundert angefertigt. Ihr Name kommt vom alttschechischen
Wort «*houfnice*». Darin steckt das Wort «*houf*» für «Schar» oder

«Haufen» – gemeint ist der Haufen feindlicher Soldaten, den man damit zu treffen gedenkt. Sonderlich treffsicher waren die «Houfnicen» damals allerdings noch nicht, dafür jagten sie mit ihrem lauten Knall wenigstens den gegnerischen Pferden einen gehörigen Schrecken ein.

Was die maritime Sonderausstattung dieser Geschütze, also die *Strand*haubitze, mit (Voll-)Trunkenheit zu tun hat, ist weit weniger einfach zu ergründen. Es existiert in der Tat nicht *ein* gut belegter, fundierter Erklärungsversuch. Es gibt lediglich eine Reihe wilder Spekulationen, die den Anschein erwecken, ihre jeweiligen Urheber seien auch nicht mehr so ganz nüchtern gewesen.

Hypothese 1: Kanonen und Haubitzen mussten, um ihre Ladung weit verschießen zu können, mit Schießpulver regelrecht vollgestopft werden. Wer sich in ähnlichem Maße mit *Bommerlunder* oder *Nordhäuser Doppelkorn* abgefüllt hatte, der war eben voll wie eine Strandhaubitze.

Aber Sie kennen ja die alte Redensart: Auf einer Erklärung kann man nicht stehen …

Hypothese 2: Um Haubitzen, die am Strand aufgestellt waren, besser zu tarnen, wurden sie blau angemalt. Ein Betrunkener war demnach so blau (→ blau sein), wie eine lackierte Strandhaubitze.

Aber Sie wissen ja: Zwei halbe Erklärungen sind noch lange keine ganze …

Hypothese 3: Strandhaubitzen waren häufig fest montiert. Vergaß ein nachlässiger Artillerieschütze, das Mündungsrohr seiner Strandhaubitze ordnungsgemäß zu verschließen, so war es dem Schietwetter an der Küste ausgesetzt. Aufgrund des vergleichsweise steil ausgerichteten Mündungsrohres lief das Geschütz dann voll mit Regenwasser. Ein disziplinloser Trinker konnte also einen ähnlich hohen Pegelstand vorweisen wie ein vollgelaufenes Haubitzenrohr. Und die mit Regen vollgelaufene Haubitze war am nächsten Morgen bestimmt ebenso wenig zu gebrauchen wie der verkaterte Schluckspecht.

Übrigens: Den Ausdruck «Schluckspecht» verdanken wir den Vogelkundlern. Sie haben beobachtet, dass Spechte mit ihrem Schnabel nicht nur nach Insekten pieken, sondern auch in den Baum hämmern, um den Rindensaft zu schlucken.

SICH VERFRANZEN

BEDEUTUNG   die Orientierung verlieren
HERKUNFT   Die Bezeichnung «Franz» für einen Flugzeugnavigator.

Im Zeitalter von Navigationsgeräten wird es zunehmend seltener, dass sich jemand verfranzt. So kann es nicht verwundern, dass nicht nur die Herkunft, sondern auch die korrekte Schreibweise der Redewendung Fragen aufwirft. Zunächst einmal gilt es also klarzustellen, dass verfranzen mit z geschrieben wird und nicht, wie die Aussprache heutzutage nahelegen würde, mit s. Verfranzen kann also nicht von den Fransen am Perserteppich kommen, die unsere Großmütter noch mit dem Kamm in Reih und Glied zu bringen pflegten.

Die Antwort liegt vielmehr in der Luftfahrt, die im Ersten Weltkrieg ein abenteuerliches, um nicht zu sagen selbstmörderisches Unterfangen darstellte. Das lag nicht nur an den Flugmaschinen, deren Entwicklung noch in den Kinderschuhen steckte, sodass Flugzeuge bei besonders komplizierten Manövern auch schon mal in der Luft auseinanderbrachen, wenn auch vereinzelt. Auch die Kursbestimmung war abenteuerlich: Der Navigator musste Geschwindigkeit und Position noch aufwendig mit Hilfe von Stoppuhr, Kompass und Karte berechnen.

Die Fliegersprache hielt für die Flugzeugbesatzung zwei Spitznamen bereit: Der Pilot wurde Emil genannt, der Navigator hieß

Franz, und zwar unabhängig von ihren tatsächlichen Vornamen. Unterlief dem Navigator, also Franz, bei der komplizierten Positionsbestimmung ein Rechenfehler, so kam das Flugzeug vom gewünschten Kurs ab und man hatte sich «verfranzt». Ob man bei einem Pilotenfehler entsprechend von «sich ver-emilen» sprach, ist nicht belegt.

Die Namen Emil und Franz wurden unter anderem deswegen benutzt, weil sie kurz und knapp und auch bei lautem Flugzeuglärm leicht voneinander zu unterscheiden waren. Bis man einen vollständigen Namen wie etwa Manfred Albrecht Freiherr von Richthofen ausgesprochen hatte, um vor einem Hindernis zu warnen, war derjenige ja schon längst dagegen geflogen. Hinter der Verwendung der Spitznamen steckt allerdings auch noch eine andere, tragische Wahrheit: Im kriegerischen Alltag, der bestimmt war von der geringen Lebenserwartung der Flieger und der damit verbundenen hohen «Fluktuation» bei den Besatzungen (lateinisch *fluctuare* – hin und her schwanken), wurde der Einzelne nur noch über seine Funktion definiert. August, Heinrich oder Walter – sie alle wurden zum nächsten Emil oder zum nächsten Franz, je nachdem auf welchem Sitz sie ihre Gurte festschnallten.

VON DER PIKE AUF LERNEN

BEDEUTUNG   etwas von Grund auf gelernt haben
HERKUNFT   Die lange Stichwaffe der Fußsoldaten, die noch für eine
                ganze Reihe anderer Redewendungen verantwortlich
                zeichnet.

Es gibt wohl keine Waffe, die für so viele Redewendungen gesorgt hat wie die Pike, die Stichwaffe der «Infanterie» (italienisch *infante* – Knabe; gemeint waren ursprünglich die Knappen, die zu Fuß neben den berittenen Kämpfern herliefen). Der Großteil der Soldaten, die früher zu Fuß unterwegs waren, nutzte die Pike als Hauptwaffe, entsprechend nannte man sie Pikeniere. Der Name ist abgeleitet vom französischen Wort *«piquer»*, das so viel bedeutet wie «stechen». Verwandte Wörter im Deutschen sind «pieken» und «piksen».

Die Pike war nichts weiter als ein langer hölzerner Spieß, der nicht zum Werfen, sondern ausschließlich zum Stechen gedacht war. Beim Durchschnittsmodell war das Holz vorne einfach spitz zugeschnitten, manche Piken besaßen aber auch ein metallverstärktes Ende. Diese Spitze findet man heute in stilisierter Form als Symbol der Kartenfarbe «Pik» im französischen Kartenblatt. Trotz ihrer einfachen Beschaffenheit war die Pike eine wirksame Waffe, zum Beispiel am Boden aufgestützt als Abwehr gegen die heranstürmende Reiterei.

Früher entschied sich nicht durch einen Eignungstest, bei welcher Waffengattung man als neuer Soldat eingesetzt wurde. Die Gründe waren sehr viel mehr pragmatischer Natur. Wer ein eigenes Pferd zum Militärdienst mitbrachte, der kam zur «Kavallerie» (italienisch *cavelleria* – Reiterei), wer eine Schusswaffe vorweisen konnte, fand seinen Platz bei der «Artillerie» (altfranzösisch *artillier* – mit Gerätschaft ausrüsten). Wer aber sozusagen mit leeren Händen aufschlug, der begann seinen Militärdienst zu Fuß und mit der einfachen Pike in der Hand. Es war zwar nicht ausgeschlossen, mit etwas Glück vielleicht irgendwann mal zum Artilleristen oder Kavalleristen aufzusteigen, doch zunächst lernte man das Soldatentum «von der Pike auf».

Eine Einheit mit Piken ausgerüsteter Soldaten nannte man «Spießgesellen». Zusammengehalten und wenn nötig auch schon mal barsch zurechtgewiesen wurde dieser wilde Söldnerhaufen vom sogenannten «Spieß», vielleicht weil dieser das ein oder andere Mal auch die Pike dabei einsetzte. Die Bezeichnung «Spieß» für den Feldwebel einer Kompanie ist bis heute erhalten geblieben.

Die deutschen Söldner des 15. und 16. Jahrhunderts, die sogenannten Landsknechte, waren ebenfalls Pikeniere. Der erste Wortteil «Land-» in ihrem Namen diente der Unterscheidung von den Schweizer Pikenieren, die natürlich in den Bergen zu Hause waren. Der zweite Wortteil «-knecht» verwies auf ihre Abhängigkeit dem Kaiser gegenüber. Von den Landsknechten abgeleitet ist der Begriff «Landser», mit dem man Soldaten bezeichnete, insbesondere die einfachen Heeressoldaten im Zweiten Weltkrieg.

Die Spieße der Landsknechte kamen außer im Kampf auch noch bei einer drastischen Disziplinarstrafe zum Einsatz: Dabei bildeten die Landsknechte eine Gasse und streckten ihre Piken nach vorn, zum Zustoßen bereit. Diese Gasse musste der Verurteilte nun entlangschreiten, während seine Kameraden gnadenlos zustießen. Keiner der anderen Landsknechte hätte es gewagt, den

Verurteilten zu schonen, denn in diesem Fall hätte er sich gleich hinten anstellen können. Die Strafe ist heutzutage längst in Vergessenheit geraten, nicht dagegen ihr Name: «Spießrutenlauf». Bei den Schikanen, die heute damit bezeichnet werden, sterben allerdings glücklicherweise deutlich weniger Menschen als noch bei den Landsknechten.

Auch die Ausdrücke «Spießbürger», «Spießer» und «spießig» leiten sich von der Pike ab. Als sich im 17. Jahrhundert das Schießpulver immer weiter durchsetzte, verteidigten nur noch besonders rückständige Bürger ihre Städte mit Spießen. Womöglich dachten sie: «Ach, dieses neumodische Bummspulver, das die jungen Leute da jetzt immer benutzen – das ist doch nix! Ich bleib lieber bei meiner Pike!» Was für Spießer!

BIBLISCHES

Wer eine Technik «vorsintflutlich» schimpft, wer davor warnt, dass «Hochmut vor dem Fall kommt» und wer einen «Sündenbock» für etwas sucht, der zitiert, vielleicht ohne es zu wissen, aus der Bibel.

Zahlreiche Formulierungen aus der Bibelübersetzung Martin Luthers wurden zu geflügelten Worten, so zum Beispiel auch «sein Scherflein beitragen». Andere (Kraft-)Ausdrücke des mitunter derben Augustinermönchs sind weniger bekannt, aber dennoch herrlich prägnant:

«Auf fremdem Arsch ist gut durchs Feuer reiten.»
MARTIN LUTHER, 1483–1546

*«Kurt, meine Mutter kommt in einer Viertelstunde
und hier herrscht noch immer ein totales Tohuwabohu! Zieh dir bitte wenigstens eine Hose an!»*

Nicole (33) ist entsetzt über den Zustand von
Küche, Wohnzimmer, Bad und Ehemann.

TOHUWABOHU

BEDEUTUNG Chaos, Durcheinander, ungeordnetes Zuviel
HERKUNFT Vom Anbeginn des Alten Testaments.

Rumpelstilzchen konnte aus Stroh Gold machen. Anfänger. Der liebe Gott schuf aus dem Nichts Tag und Nacht, Himmel und Erde, Pflanzen, Tiere und am Ende auch noch Menschen. Das erste Buch der Bibel, in dem wir das nachlesen können, ist auch unter den Namen «1. Buch Mose» oder «Genesis» (griechisch für Geburt, Entstehung) bekannt. Es beginnt mit den Sätzen:

«Am Anfang schuf Gott Himmel und Erde. Und die Erde war wüst und leer.»

«Wüst und leer» – so übersetzt Luther. «Wüst und wirr» heißt es in der Einheitsübersetzung. Im hebräischen Original steht:

«Bereshit bara Elohim et hashamayim ve'et ha'arets. Veha'arets hayeta tohu vavohu.»

Wer genau hinsieht, kann den Ursprung des Tohuwabohus am Ende der Zeile entdecken. *«Tohu»* bedeutet wüst, *«vohu»* leer oder wirr. Das vorangestellte «va-» ist ein «und», es funktioniert ganz ähnlich wie das hinten ans Wort gepappte «-que» im Lateinischen. *Tohu* und *bohu* sind also Ödnis und Leere. Alles, was auf der Welt vorzufinden war, bevor Gott sich schöpferisch betätigte.

Gar keine schlechten Namen für chaotische Zwillingskinder: «Tohu und Bohu, räumt sofort euer Zimmer auf, damit es wieder schön öd und leer ist!»

*«Und als ich die Kontoauszüge sah, da fiel es mir
plötzlich wie Schuppen von den Augen!»*

Klaus (55) fällt auf, dass sein neues Spar-Abo
herzlich wenig mit Sparen zu tun hat.

WIE SCHUPPEN VON DEN AUGEN FALLEN

BEDEUTUNG   eine plötzliche Erkenntnis haben
HERKUNFT   Aus der Apostelgeschichte im Neuen Testament.

Nicht nur Schlangen häuten sich regelmäßig, auch die Haut des
Menschen regeneriert sich ständig und wirft dabei Zellen der
Epidermis ab. Das passiert meistens unsichtbar. Erst wenn sich
ungefähr 500 Zellen zu einem Klumpen zusammenrotten, kann
man sie mit bloßem Auge erkennen und nennt sie eine Schuppe. Von unserer Haut fallen also ständig Schuppen, wenn auch
manchmal in kleineren Einheiten. Bei manchen Krankheiten
entstehen vermehrt Schuppen. Eine Lidrandentzündung zum
Beispiel kann zu starker Schuppenbildung am Augenlid führen –
wenn diese Schuppen fallen, wird das vorher beeinträchtigte Seh-
vermögen wieder deutlich besser. Vergleichbar mit dem erleuch-
tenden Moment, wenn man beim Aufsetzen einer neuen Brille
feststellt, wie scharf die Welt um einen herum doch sein kann.
Man möchte lauthals *Amazing Grace* anstimmen: *«Was blind, but
now I see!»* («Ich war blind, aber jetzt kann ich sehen!»)

Ein solches Erlebnis wird in der Apostelgeschichte (die «Was
wurde eigentlich aus ...?»-Rubrik der Bibel) beschrieben. Protago-
nist ist Paulus, ein Jude, der aus der römischen Provinz Kilikien
stammte, für heutige Verhältnisse also aus dem Süden der Tür-

kei. Seit seiner Jugend war er zum Schriftgelehrten ausgebildet worden. Eines Tages reiste er im Auftrag des Hohepriesters nach Damaskus, um dort Anhänger des gekreuzigten Aufrührers Jesus von Nazareth zu verhaften:

«Und da er auf dem Wege war und nahe Damaskus kam, umleuchtete ihn plötzlich ein Licht vom Himmel, und er fiel auf die Erde und hörte eine Stimme, die sprach zu ihm: Saul, Saul, was verfolgst du mich? Ich bin Jesus, den du verfolgst!»

Nach der Begegnung mit der gleißenden Lichtgestalt verlor Paulus sein Augenlicht, bis Gott drei Tage später einen Mann namens Ananias beauftragte, zu ihm zu gehen und ihm die Hände aufzulegen:

«Und Ananias ging hin und legte die Hände auf ihn, auf dass er wieder sehend und mit dem heiligen Geist erfüllt werde.»

Und jetzt kommt's:

«Und alsbald fiel es von seinen Augen wie Schuppen und er ward wieder sehend und stand auf und ließ sich taufen, und alsbald predigte er, dass Christus Gottes Sohn sei.»

Wenn Sie die Fortsetzung lesen wollen, schlagen Sie in der Apostelgeschichte, Kapitel 9 nach, zu finden in jeder gut sortierten Bibel nach dem Johannesevangelium.

Übrigens: Die Statue des Paulus erkennen sie in katholischen Kirchen ganz einfach: Ein Mann mit einem braunen Bart trägt ein Buch unter dem Arm und ein Schwert in der Hand. Im Gegensatz zu anderen Märtyrern seiner Zeit wurde Paulus nicht gekreuzigt, denn als römischer Bürger hatte er das Recht, auf weniger qualvolle Weise mit dem Schwert hingerichtet zu werden. Immerhin.

Und wo wir gerade dabei sind: Der Apostel wurde übrigens nie «vom Saulus zum Paulus», wie ein anderes Sprichwort behauptet. Er trug gleichzeitig den hebräischen Namen Schaul sowie den griechischen Namen Paulos. Saulus und Paulus sind die lateinischen Entsprechungen.

«Ja, da brat mir doch einer 'nen Storch!»

Hannah (48) kann die dramatischen
Entwicklungen in ihrer täglichen Seifenoper
(→ Seifenoper) nicht fassen.

DA BRAT MIR DOCH EINER 'NEN STORCH

BEDEUTUNG Ausruf der Verwunderung mit 27. Buchstaben
HERKUNFT Die Speisevorschriften im Alten Testament.

Auf den Speisekarten im antiken Rom fand man alles, was nicht
bei drei auf den Bäumen gewesen war: gebratenes Schweine-
euter, gegrillter Hase, gestopfte Gänseleber – vielleicht auch der
ein oder andere gebratene Storch, denn der Verzehr von Geflügel
war im römischen Imperium weit verbreitet. Nur in einem Teil
des Reiches kam Storch unter gar keinen Umständen auf den
Tisch: in der Provinz Judäa. Dort hielt man sich bereits seit vielen
hundert Jahren an die Diätvorschriften aus dem Buch «Levitikus»
im Alten Testament, auch als «3. Buch Mose» bekannt. Dort heißt
es unter anderem:

> «Ihr sollt für unrein halten den Hasen, weil er zwar wieder-
> käut, aber keine gespaltenen Klauen hat. ... Alle Lebewesen,
> die im Wasser leben und keine Flossen oder Schuppen haben,
> seien euch abscheulich. ... Unter den Vögeln sollt ihr Folgende
> verabscheuen – man darf sie nicht essen, sie sind abscheulich:
> Aasgeier, Schwarzgeier, Bartgeier, ..., Storch.»

Demnach war den Juden also Hasenragout ebenso ausdrücklich verboten wie Pizza *Frutti di Mare* und gebratener Storch auf Toast. Eigentlich galten diese jüdischen Speisevorschriften für Christen nicht mehr. Jesus sagt im Matthäusevangelium:

«*Nicht das, was durch den Mund in den Menschen hinein-kommt, macht ihn unrein, sondern was aus dem Mund des Menschen herauskommt, das macht ihn unrein.*»

Nichtsdestotrotz blieben einige dieser Regeln erhalten. Als sich das Christentum nach Europa ausbreitete, verbanden sich diese Überbleibsel jüdischer Speisevorschriften mit dem germanischen Bild des Storchs. Hier sah man in «Meister Adebar» einen Boten der Götter, einen Glücksbringer und Lebensspender. Ein Storch auf dem Dach verhieß Wohlstand, das Storchennest schützte vor Blitzschlag und ein vorüberfliegender Storch kündigte baldigen Nachwuchs an. Man wäre nie auf die Idee gekommen, einen Storch zu fangen und zu braten – das war etwas nie Geschehenes und Unerhörtes.

Übrigens: Die Redewendung «jemandem die Leviten lesen», die besagt, dass man jemanden ermahnt, hängt natürlich auch mit dem Buch «Levitikus» zusammen. Die Leviten waren einer der zwölf Stämme Israels, benannt nach ihrem Stammvater Levi. Dieser Stamm war für den Tempeldienst verantwortlich. Das 3. Buch Mose, das sich unter anderem mit Opfergaben, Reinheitsgeboten und Feiertagen beschäftigt, ist daher nach ihnen benannt. Eine Lesung ellenlang aneinandergereihter Regeln aus dem Buch «Levitikus» diente in den Klöstern des Mittelalters als Einleitung in eine Strafpredigt.

«Seit ich Max getroffen hab, schweb ich
im siebten Himmel!»

Leonie (17) kann sich am Flaumbärtchen
des 19-jährigen Max nicht sattsehen.

IM SIEBTEN HIMMEL SCHWEBEN

BEDEUTUNG sprichwörtliches Gefühlsmaximum inklusive rosaroter
Brille

HERKUNFT Astronomische Modelle der alten Ägypter, Babylonier und
Griechen.

Will man herausfinden, wieso wir uns als frisch Verliebte ausgerechnet wie «im siebten Himmel» fühlen, so kann man gleichzeitig der Frage nachgehen, wieso ausgerechnet die Sieben eine
so herausragende Stellung in den Legenden ganz verschiedener
Kulturkreise einnimmt: sieben Zwerge, *Die glorreichen Sieben*,
sieben auf einen Streich, sieben Weltwunder – und gehen wir auf
Reisen, so packen wir nicht unsere «Fünfsachen» oder «Neunsa-
chen», sondern unsere «Siebensachen».

Schon in der Bibel und im Katechismus (das Lehrbuch, in dem
die Grundfragen des christlichen Glaubens erläutert werden)
wimmelt es nur so von Siebenen: Da ist von sieben Posaunen
die Rede, von sieben mageren und sieben fetten Jahren, sieben
Todsünden werden beschrieben und sieben nicht ansatzweise so
bekannten Kardinaltugenden gegenübergestellt – und nicht zu vergessen die sieben Tage, in denen Gott die Welt schuf, inklusive
Ruhetag. Doch die Juden waren nicht die Ersten, die eine Sie-
ben-Tage-Woche, den autofreien Sonntag und den vegetarischen

Donnerstag einführten. Schon die Ägypter und auch die Hoch-kulturen auf dem Gebiet des heutigen Irak – Sumerer, Assyrer, Babylonier – teilten einen Monat in vier Mondphasen zu je sieben Tagen ein.

Die Zahl Sieben war dabei im wahrsten Sinne des Wortes «vom Himmel gefallen»: Wenn König Nebukadnezar I. am Abend mal wieder in einem Liegestuhl in den *Hängenden Gärten der Semira-mis* abhing und den dunkler werdenden Himmel beobachtete, so konnte er mit bloßem Auge fünf Dinger am Himmel ausmachen, die sich anders bewegten als die Sterne, und zwar die Planeten (die heute Namen *römischer* Götter tragen): Merkur, Venus, Mars, Jupiter und Saturn. Weil Uranus erst 1690 und Neptun erst 1846 entdeckt wurden, fehlten diese beiden bei seiner allabendlichen Sternenschau. Für die Babylonier und auch die Ägypter stellten diese Planeten Götter dar bzw. eine von vielen Erscheinungsfor-men ihrer Götter. Die fünf sichtbaren Planeten ergaben zusam-men mit Sonne und Mond – zwei weiteren Himmelsobjekten, die sich ebenfalls anders als die Sterne bewegten – sieben göttliche Gestalten, die den Himmel beherrschten.

Auch die Griechen erkannten am Himmel sieben ihrer Götter-wesen. Aristoteles lehrte, jeder von ihnen bewege sich in seinem eigenen himmlischen Bezirk:

> «*Der Himmel besteht aus sieben durchsichtigen Gewölben, in einem jeden dieser Himmel bewegt sich ein Himmelskörper. Jenseits der siebten Sphäre endet die materielle Welt.*»

Die Vorstellung von sieben Himmeln findet sich auch später im Judentum, Christentum und Islam wieder. Der jüdische Talmud (hebräisch für Belehrung, Studium) beschreibt den siebten Him-mel als den obersten Himmel und nennt ihn Araboth (hebräisch für Gewölk):

«*Araboth ist der Himmel, wo da weilt die Gerechtigkeit, das Gericht des Erbarmens und die Schätze des Lebens. Auch wohnen daselbst die Seraphim, die Engel und der Thron der Glorie.*»

Daher sagen wir, wenn wir uns so richtig himmlisch fühlen: «Ich bin im siebten Himmel!»

Übrigens: Die englische Sprache geht weitaus naturwissenschaftlicher an die Beschreibung der höchsten Gefühle. Dafür geht es dort noch zwei Nummern höher hinauf, denn James und Jane schweben «*on cloud nine*» also «auf Wolke neun». Die englische Entsprechung der Redensart orientiert sich an Luke Howard (1772–1864), der als «Vater der modernen Meteorologie» gilt. Er teilte Wolken erstmals in Kategorien ein und gab ihnen auch die Namen, die sie heute noch tragen: *Stratus, Cumulus, Cirrus* etc. Auf Howards Arbeit basierend erweiterten spätere Meteorologen die Systematik auf insgesamt 10 himmlische Kategorien. Die *Cumulonimbus*, die am ehesten aussieht wie ein flauschiges Kissen, auf das Frischverliebte ihr Haupt betten möchten, gehört dieser Klassifikation zufolge in Kategorie 9.

Im globalisierten Sprachgewimmel entsteht manchmal aus dem englischen und deutschen Sprichwort die Hybrid-Form «Ich bin auf Wolke sieben».

*«Ich sach et dir, wenn du so die Gänge reinknallst, geht
mir der Wagen morgen über die Wupper.»*

Fahrlehrer Karl-Heinz (57) ermahnt seine
Schüler zu sanfterem Schalten.

ÜBER DIE WUPPER GEHEN

BEDEUTUNG   bei Geräten und Gegenständen: kaputtgehen; bei Menschen: sterben

HERKUNFT   Die Lage eines Gerichtsgebäudes in Wuppertal sowie die ältere Redewendung «über den Jordan gehen».

Auf den ersten Blick hat diese Redewendung nichts Biblisches oder Religiöses an sich. Viele Erklärungsversuche, was das Überqueren dieses Flusses in Nordrhein-Westfalen mit dem Ableben von Menschen oder Apparaturen zu tun haben könnten, zielen auch erst mal auf den Stadtplan von Wuppertal. Nachfolgend zwei Beispiele: Das Amtsgericht der Stadt Wuppertal befindet sich seit 1852 auf einer Insel in der Wupper; die Anschrift lautet dementsprechend «Eiland 2, 42103 Wuppertal». Wem also der Prozess gemacht wird, der muss, egal auf welcher Seite des Flusses er wohnt, auf die Gerichtsinsel übersetzen und damit «über die Wupper gehen».

Außerdem befand sich zwischen 1864 und 1997 im Wuppertaler Stadtteil Elberfeld eine Justizvollzugsanstalt. Bis 1912 wurden dort auch Hinrichtungen vollstreckt. Zwischen der Gerichtsinsel und dem Richtplatz im Elberfelder Gefängnis aber lag, genau, die Wupper. Der Verurteilte ging also zum Sterben über die Wupper.

Diese städtebaulichen Eigenarten dies- und jenseits der Wupper sind wahrscheinlich nicht der Ursprung der Redensart, aber dennoch nicht unwichtig, da sie einen bereits bestehenden Ausdruck durch neue Assoziationen am Leben erhalten haben. Das widerfährt vielen Redensarten; insofern ist eine «moderne» Etymologie nicht automatisch falsch. Selbst wenn die Herleitung nicht den Ursprung des Sprichworts benennt, legt sie doch offen, wieso es sich weiterhin in regem Gebrauch befindet. «Über die Wupper» geht man jedenfalls schon viel länger, als es das Amtsgericht und die Justizvollzugsanstalt in Wuppertal gibt.

Heute fließt die Wupper von ihrer Quelle bis in den Rhein hinein, ohne Nordrhein-Westfalen je zu verlassen. Vor rund 300 Jahren aber markierte sie die Grenze zwischen Preußen und dem kleinen Herzogtum Berg, ein Gebiet zwischen Essen und Siegburg, in etwa so groß wie das Saarland. Im 18. Jahrhundert schickte Friedrich Wilhelm I. (bekannt als Soldatenkönig) seine Talentscouts auf der Suche nach neuen Soldaten selbst in die entlegensten Winkel Preußens. Solche Werber für den Militärdienst waren in der Wahl der Rekrutierungsmethoden selten zimperlich. Manch einer bekam von ihnen einen Knüppel übergezogen und wachte in Uniform wieder auf. Daher ergriffen viele junge Männer die Flucht, wenn preußischblaue Rekrutierungsoffiziere am Horizont auftauchten. An der Grenze zum Herzogtum Berg, konnten sie sich dem Militärdienst entziehen, indem sie über die Wupper flohen.

Älter als die Formulierung «über die Wupper gehen» ist die Redewendung «über den Jordan gehen», die genau das Gleiche bedeutet; der Jordan hat wohl für die Wupper Pate gestanden. Laut der Bibel bildete der Jordan die östliche Grenze des Königreiches Israel. Als die Israeliten nach ihrer Wüstenwanderung den Fluss überschritten, betraten sie das Land der Verheißung. Daher wird das Überschreiten des Jordans sprichwörtlich zu einem Übergang in eine andere, hoffentlich bessere Welt.

Ganz eindeutig mit Tod und Jenseits haben zwei andere Flüsse zu tun: In der griechischen Mythologie gelangt man mit dem Fluss Styx in den Hades, und für die Ägypter teilte der Nil das Land in eine Seite für die Lebenden und eine Seite für die Toten. Gräber wurden am Westufer des Nils gebaut, Tempel im Osten. Das eindrucksvollste Beispiel hierfür sind wohl die berühmten Sehenswürdigkeiten nahe Luxor: Die moderne Stadt liegt an beiden Ufern des Flusses, die Tempelanlage (für die Lebenden) in Karnak aber liegt am Ostufer des Nils, das Tal der Könige mit den Pharaonengräbern befindet sich am Westufer. Im Westen, so glaubten die alten Ägypter, dort wo die Sonne unterging, lag unterirdisch das Jenseits. Wer also den Nil in Richtung Westen überquerte, der betrat das Reich der Toten.

LITERATUR

In den meisten Fällen entstehen Redewendungen und neue Begriffe über einen langen Zeitraum hinweg. Sie haben ihren Ursprung in alten Bräuchen, gehen durch zahllose Hände bzw. Münder und nehmen nur allmählich die Form an, in der wir sie heute benutzen.

Die Begriffe in diesem Kapitel sind ganz anders. Sie stammen aus Theaterstücken, Märchen und Geschichten, sind also von einem Autor erdacht worden. Die Redewendungen sind dabei inzwischen oft bekannter als das Werk, aus dem sie stammen. Den Autoren wäre es andersherum sicherlich lieber gewesen.

«Kunst ist schön, macht aber viel Arbeit.»
KARL VALENTIN (1882–1948), DER LUSTIGE DÜRRE MIT DEM HUT

ROBOTER

BEDEUTUNG   dienstbares Maschinenwesen; verdrängte das im 18. und 19. Jahrhundert gebräuchliche Wort «Automat» für mechanische Heinzelmännchen

HERKUNFT   Erfunden von den tschechischen Schriftstellern Karel und Josef Čapek.

Da das Wort «Roboter» erst 1920 erfunden wurde, gehört es streng genommen in den zweiten Teil dieses Buches, denn dort stehen jene Redewendungen und Ausdrücke, die jünger als 150 Jahre sind. Trotzdem hat es hier Berücksichtigung gefunden, da es ein eindrucksvolles Beispiel dafür liefert, wie literarische Vorlagen unser Vokabular mit neuen Wortschöpfungen bereichern. Grund genug für eine Ausnahmegenehmigung.

Das heute so gebräuchliche Wort für Maschinenmenschen kommt nicht etwa aus dem roboterbegeisterten Japan, sondern aus der tschechischen Sprache: *«robota»* – «Arbeit, Fronarbeit, Zwangsarbeit». Das verwandte russische Wort *«rabotats»* ist hierzulande bekannter; der dazugehörige Imperativ *«Rabotti!»* – «Arbeite!» ist im Deutschen ja auch schon fast zu einem geflügelten Wort geworden.

Karel Čapek, einer der bedeutendsten tschechischen Schriftsteller des 20. Jahrhunderts, schrieb 1920 ein Theaterstück über menschenähnliche Maschinen. Darin züchtet eine Firma namens *Rossum* diese Wesen in Tanks, und bald werden sie in allen Wirtschaftsbereichen als Fronarbeiter eingesetzt. Doch eines Tages erheben sich die Maschinenwesen gegen ihre Erschaffer und vernichten in diesem Zuge sogar die ganze Menschheit. So weit Karel Čapeks apokalyptische Vision, die Hollywood mit *The Matrix, Terminator* und *Battlestar Galactica* in den kommenden Jahrzehnten immer wieder neu adaptieren sollte.

Karels älterer Bruder Josef Čapek, ebenfalls Schriftsteller, vor allem aber Zeichner und Graphiker, schlug seinem Bruder für die Kunstmenschen den schlichten Namen «robot» vor. Dass Ihre Wortschöpfung weltweite Verbreitung erfuhr, erlebten die Gebrüder Čapek nicht mehr; Karel starb 1938 an einer Lungenentzündung, sein Bruder Josef wurde 1939 im besetzten Tschechien wegen Kritik am Nationalsozialismus verhaftet und deportiert. Er starb 1945 im Konzentrationslager Bergen-Belsen.

Das Wort «Roboter» wurde rasch bekannter als Čapeks Theaterstück selbst und verdrängte so das Wort «Automat» (lateinisch *automatus* – aus eigenem Antrieb handelnd), das bis dahin in Literatur und Alltag für lebendig wirkende Maschinen gebräuchlich gewesen war. Seit den 1940er Jahren schrieb der russisch-amerikanische Schriftsteller Isaak Asimov zahlreiche Romane und Kurzgeschichten über Maschinenwesen. Er verwendete den Begriff, den die Čapek-Brüder erfunden hatten. Spätestens jetzt erlangte das Wort weltweite Bedeutung.

Menschenähnliche Roboter, wie Karel Čapek sie in seinem Stück beschrieb, bezeichnet man heute als «Androiden» (griechisch *aner* – Mann; *eidos* – Aussehen). Dennoch ist «Roboter» wohl der populärste Sammelbegriff für alle Maschinenhelfer und aus Alltag, Literatur sowie aus Film und Fernsehen nicht mehr wegzudenken.

*«Das glaub ich ja nicht! Da wird ja
der Hund in der Pfanne verrückt!»*

Hugo (53) freut sich tierisch
über seinen Lottogewinn.

DA WIRD JA DER HUND
IN DER PFANNE VERRÜCKT

BEDEUTUNG   unfassbar, unglaublich
HERKUNFT   Eine recht brutale Erzählung des Till Eulenspiegel.

In vielen Städten Niedersachsens hat man dem Possenreißer Till
Eulenspiegel ein Denkmal gesetzt. Schließlich war er der erste
und einzige Niedersachse mit Humor, so sagt man. Vor dem alten
Rathaus der Stadt Einbeck bei Göttingen steht zum Beispiel der
Till-Eulenspiegel-Brunnen. Man erkennt den Narren nicht sofort:
Die typische Narrenkappe fehlt, und auch einen bunten Flicken-
wams mit Glöckchen sucht man vergeblich. Stattdessen trägt er
eine lange Schürze und hat einen Hund recht unsanft im Nacken
gepackt. Bei dem lustigen Bild, das heute von Till Eulenspiegel
vorherrscht, gerät manchmal in Vergessenheit, dass der Narr
auch ein arger Tierquäler war. Auf dem Brunnen ist eine Szene
festgehalten, die typisch für ihn ist: Er ärgert seine Mitmenschen
mit Vorliebe damit, dass er ihre Anweisungen absichtlich falsch
versteht und wortwörtlich ausführt. Die Geschichte dazu kann
man in dem Buch *Ein kurtzweilig Lesen von Dyl Ulenspiegel, geboren uß dem Land zu Brunßwick, wie er sein leben volbracht hat*
von 1515 nachlesen:

Einmal ging Eulenspiegel nach Einbeck und verdingte sich dort bei einem Bierbrauer. Da begab es sich, dass der Brauer zu einer Hochzeit gehen wollte. Er befahl Eulenspiegel, derweilen Bier zu brauen, so gut er könne. Später wolle er ihm zu Hilfe kommen. Vor allen Dingen solle er mit besonderem Eifer darauf achten, den Hopfen wohl zu sieden, damit das Bier davon einen kräftigen Geschmack bekomme.

Eulenspiegel sagte: «Ja, gern», er wolle sein Bestes tun. Damit ging der Brauer zusammen mit seiner Frau zur Tür hinaus. Als es nun so weit war, dass man den Hopfen sieden sollte, dachte sich Eulenspiegel: «Was will ich nun diesem Brauer für eine Schalkheit antun?» Nun hatte der Brauer einen großen Hund, der hieß Hopf. Den nahm er, als das Wasser heiß war, warf ihn hinein und ließ ihn tüchtig darin sieden, daß ihm Haut und Haar abgingen und das ganze Fleisch von den Knochen fiel.

Als der Brauer betrunken nach Hause kam, sprach Eulenspiegel: «Ja, Herr, Ihr habt mich das so geheißen. Ich tue alles, was man mich heißet!»

Es ist völlig klar, dass der Hund in dieser Pfanne nicht nur verrückt wurde, sondern auch sein (hoffentlich schnelles) Ende fand. Brutalstmögliche Wortwitz-Unterhaltung aus dem 16. Jahrhundert. Da soll noch mal einer sagen, die Comedy von *heute* wäre geschmacklos.

«Ich kenn doch meine Pappenheimer.»

Maria (38), Polizeihauptkommissarin,
weiß genau, wen ihrer Stammkunden
sie im Auge behalten muss.

SEINE PAPPENHEIMER KENNEN

BEDEUTUNG jemanden sehr gut kennen, heute vor allem dessen negative Eigenschaften

HERKUNFT Eine Einheit des Dreißigjährigen Krieges, die durch das Theaterstück *Wallensteins Tod* von Friedrich Schiller Berühmtheit erlangte.

Pappenheim gibt es wirklich. Die Stadt liegt in Mittelfranken, auf halber Strecke zwischen Nürnberg und Augsburg. Inmitten dieses 4000-Seelen-Ortes erhebt sich ein langgezogener Hügel, auf dem die Burg Pappenheim thront, erbaut im 12. Jahrhundert vom gleichnamigen Adelsgeschlecht derer zu Pappenheim. Alles nachzulesen im Reiseführer *Mittelschönes Mittelfranken*.

Aus dem Geschlecht derer zu Pappenheim stammte auch Gottfried Heinrich Graf zu Pappenheim, auf Gemälden immer gut zu erkennen am lustigen Spitzbart und der langen Schramme im Gesicht, die ihm den Spitznamen «Schrammenheinrich» eingebracht hatte. Graf Pappenheim war nämlich nicht davon abzubringen, stets mit offenem Visier zu kämpfen (Pappenheim: *«Geschlossene Helme sind was für Mädchen! Ha!»*).

Gottfried Heinrich Graf zu Pappenheim war ein gebildeter Draufgänger. Im Dreißigjährigen Krieg befehligte er ein schlagkräftiges Regiment von «Kürassieren» (französisch *cuir* – Leder, *cuirasse* – Lederpanzer), einer Einheit gepanzerter Reiter. Mit seinen Männern stand Graf Pappenheim im Dienste Wallensteins auf Seiten der Katholischen Liga.

Über diesen Wallenstein hat Friedrich Schiller ein Theaterstück geschrieben, das für die Hauptfigur nicht sonderlich gut ausgeht. Der Titel deutet es bereits vorsichtig an: *Wallensteins Tod*. Darin kommt unter anderem folgende Szene vor: Eine Gruppe der Kürassiere Pappenheims kommt zu Wallenstein und will von ihm wissen, was dran sei an dem Gerücht, er sei ein Verräter, der insgeheim mit dem schwedischen Feind verhandle. Die Pappenheimer Soldaten sind so loyal, dass sie zuerst Wallenstein selbst sprechen wollen, bevor sie irgendwelche Gerüchte glauben:

> *«Ein kaiserlicher Brief kam uns zu Handen,*
> *Der uns befiehlt, die Pflicht dir aufzukündigen,*
> *Weil du ein Feind und Landsverräter seist, Wallenstein.*
> *Wir aber glauben's nicht, wir halten's bloß*
> *Für Lug und Trug und spanische Erfindung.*
> *Du selber sollst uns sagen, was du vorhast,*
> *Denn du bist immer wahr mit uns gewesen,*
> *Das höchste Zutraun haben wir zu dir,*
> *Kein fremder Mund soll zwischen uns sich schieben,*
> *Den guten Feldherrn und die guten Truppen.»*

Das macht für Wallenstein seine Pappenheimer aus. Ergriffen von so viel Treue erwidert er:

> *«Tja, daran erkenn' ich meine Pappenheimer.»*

Die Zuverlässigkeit und Treue der Kürassiere war wahrscheinlich schon vor Bekanntwerden des Theaterstücks im sprichwörtlichen Umlauf, aber Schillers Niederschrift dürfte maßgeblich für ihren Erhalt gesorgt haben. Irgendwann in den letzten 200 Jahren muss der Ausspruch dann ironisiert worden sein, denn heute kann man sich nur noch auf die Unpünktlichkeit und Unzuverlässigkeit seiner Pappenheimer verlassen – das sind die einzigen ‹Tugenden›, denen unsere modernen Pappenheimer Chaosbrüder stets treu sind!

«Noch 5 Minuten bis Mitternacht!
Jetzt wird's aber allerhöchste Eisenbahn!»

Mario (26) muss seine Diplomarbeit
noch an diesem Tag einwerfen.

ALLERHÖCHSTE EISENBAHN

BEDEUTUNG größte Dringlichkeit

HERKUNFT Ein kaum bekanntes Theaterstück um einen vor Aufregung Wörter vertauschenden Briefträger.

Dass ausgerechnet die Eisenbahn in einer Redewendung über das Bedürfnis großer Eile vorkommt, ist schon so absurd, dass alle anderen Seitenhiebe gegen unseren liebsten Schienenfeind an dieser Stelle ausfallen. Anschlusswitze werden leider nicht erreicht.

Der Ausdruck entstammt einem fast vergessenen Theaterstück des Berliner Autors Adolf Glaßbrenner (1810–1876). Neben Theaterstücken und Gedichten verfasste er vor allem politische Satiren, die ihn oft in Kontakt mit der Zensur und manches Mal in arge Schwierigkeiten brachten:

Der Adelige.

Dieser Mann mit wicht'ger Miene,
Einen Orden auf der Brust,
Trägt die Nase hoch und rümpft sie
Ueber die gemeine Lust.

Wie sie plaudern rings und lachen.
Er bleibt immer ernst und stumm;
Er hat zweiunddreissig Ahnen
Und ist ungeheuer dumm.

Weiter ist er nichts hienieden;
Doch ist sein Verdienst nicht klein:
Wenn er selig einst verstorben,
Wird er auch ein Ahne sein.

1840 hatte man Glaßbrenner wegen seiner satirischen Texte sogar aus Preußen verbannt. Asyl gewährte ihm das benachbarte Herzogtum Mecklenburg-Strelitz. 1847 schrieb er hier die Komödie *Ein Heiratsantrag in der Niederwallstraße*. Die Niederwallstraße lag und liegt in Berlin Mitte, 500 Meter vom Stadtschloss entfernt, und zweigt von der Leipziger Straße ab – die Straße wiederum, in der Glaßbrenner das Licht der Welt erblickt hatte.

Die Hauptfigur der Komödie, Briefträger Bornike, zeichnet sich dadurch aus, dass er bei Aufregung immer wieder einzelne Wörter vertauscht – was zu manch kuriosem Satz führt. Als sein Schwiegervater *in spe* (lateinisch «in der Hoffnung») Bornike von der Mitgift erzählt, antwortet der zum Beispiel:

«Diese Tochter is janz hinreichend, ich heirate Ihre Mitgift.»

An der für die Redewendung entscheidenden Stelle des Stücks fällt Bornike siedendheiß ein, dass der Zug mit der Post aus Leipzig, die er austragen muss, schon längst angekommen ist. Eigentlich will Bornike sagen:

«Herrjesses Leipzig! Es ist die allerhöchste Zeit, die Eisenbahn ist schon vor drei Stunden anjekommen.»

Aber seinen Mund verlässt der wortvertauschte Satz:

«*Herrjesses Leipzig! Es ist die allerhöchste Eisenbahn, die Zeit ist schon vor drei Stunden anjekommen.*»

«Jan kann sich immer noch freuen
wie ein Schneekönig!»

Marco (36) gefällt es, dass sein Freund Jan (32)
im Herzen noch Kind geblieben ist.

SICH FREUEN WIE EIN SCHNEEKÖNIG

BEDEUTUNG sichtbar überbordende Freude ausstrahlen

HERKUNFT Eines der vielen Märchen, die von den Brüdern Grimm
aufgeschrieben wurden.

Ein Schneekönig ist nicht etwa ein Drogenbaron, der mit Kokain
dealt, und auch kein mythologischer Herrscher aus nordischen
Sagen. Es handelt sich bei Seiner Hoheit um einen bekannten
Sänger: Der Schneekönig gehört nämlich zu den kleinsten Vögeln
Europas und ist in Deutschland eher unter dem Namen Zaunkönig bekannt. Warum er bei uns Zaunkönig heißt, erzählt ein Märchen der Brüder Grimm:

«Einst kam es den Vögeln in den Sinn, einen unter sich zu ihrem Kö-
nig zu wählen. Es ward aber beschlossen, dass der König sein sollte,
der am höchsten fliegen könnte. Keiner konnte es dem Adler gleich
tun, der stieg so hoch, dass er der Sonne hätte die Augen aushacken
können. Die Vögel unter ihm riefen ihm alle gleich zu: ‹Du musst
unser König sein, keiner ist höher geflogen als du.›

‹Ausgenommen ich›, schrie der kleine Kerl ohne Namen, der sich
in den Brustfedern des Adlers verkrochen hatte. Und da er nicht
müde war, so stieg er noch höher und rief: ‹König bün ick! König
bün ick!›»

Die anderen Vögel waren natürlich erbost über den Betrug des namenlosen kleinen Vogels und hetzten ihm die Eule auf den Hals. Vor einem Mäuseloch, in das der kleine Vogel sich geflüchtet hatte, hielt die Eule Wache. Sie wurde aber müder und müder, sodass sie zuerst nur noch ein Auge und dann gar keins mehr aufhalten konnte. Und so entwischte ihr der listige kleine Vogel.

Seit dieser Zeit, so erzählt es das Märchen, sind die Vögel so sauer auf die Eule, dass diese sich am Tag nicht mehr blicken lässt. Und der listige kleine Piepmatz hält sich ebenfalls von den anderen Vögeln fern; er hüpft lieber auf Zäunen herum. Daher wird er von den anderen voller Spott «Zaunkönig» genannt. So lautet auch der Titel des Märchens.

Zaunkönige bauen ihre Nester in einer relativ geringen Höhe von maximal zwei Metern über dem Boden. Hintergrund des Märchens ist wohl die Tatsache, dass Zaunkönignester seltener in Bäumen – wie bei anderen Vögeln –, dafür aber umso öfter in Hecken, Mauernischen oder dem Gebälk von Stallungen zu finden sind.

Verbreitet durch die Brüder Grimm wurde diese Erzählung so populär, dass sie den bis dahin in Deutschland gebräuchlichen Namen des Zaunkönigs nach und nach verdrängte. Unsere holländischen Nachbarn nennen das Vögelchen noch beim alten Namen: *Winterkoning* – Winterkönig. In deutschen Landen war er unter dem Namen Schneekönig bekannt, bevor er als Star im Zaunkönig-Märchen Karriere machte.

Weil Zaunkönige bzw. Schneekönige unermüdlich und bei egal welcher Wetterlage nach Herzenslust pfeifen und tirilieren, sagt man über den, der ebenso unentwegt ausgelassene Fröhlichkeit ausstrahlt: «Der freut sich wie ein Schneekönig.»

Alle Wörter in diesem Neuen Teil sind höchstens 150 Jahre alt – was für ein Wort wirklich krass* jung ist!

* «Krass» ist übrigens überhaupt nicht jung. Das lateinische Wort *«crassus»* bedeutet «dick» und war – trotzdem oder deshalb? – auch als *Cognomen* beliebt. Beim *Cognomen* handelt es sich um den dritten Teil eines römischen Namens:

Marcus Licinius Crassus – Marcus aus der Familie der Licinier, der Fettleibige
Marcus Tullius Cicero – Marcus aus der Familie der Tullier, genannt «die Kichererbse»
Gaius Julius Caesar – Gaius aus der Familie der Julier, eventuell «der aus dem Mutterleib geschnitten wurde» (danach wurde die *Sectio caesarea*, der Kaiserschnitt, benannt).

Zunächst stellten die an dritter Stelle stehenden *Cognomen* individuelle Beschreibungen einer Person dar, später konnten sie aber auch zusammen mit dem Familiennamen an den ältesten Sohn vererbt werden. Es kann also durchaus sein, dass Marcus Licinius Crassus gar nicht außerordentlich fett war, sondern sein Vater Publius Licinius, der auch schon den Beinamen Crassus führte.

Ob das *Cognomen* des berühmten Gaius Julius Caesar ihn, seinen Vater oder einen anderen Vorfahren beschrieb, ist daher leider unbekannt. Da Gaius Julius Caesar der erste Imperator Roms war, trugen seine Nachfolger den Titel «Caesar» als Herrschertitel. Von diesem Titel, den man in der Antike in etwa wie «kaisar» aussprach, leiten sich die Wörter «Kaiser» und «Zar» ab.

So, jetzt aber genug über römische Namenskunde – hier soll es doch um moderne Ausdrücke gehen!

BRAVE NEW WORDS

Lassen Sie sich von den alljährlich erscheinenden Wörterbüchern der Jugendsprache nicht in die Irre führen – diese Bände mögen unterhaltsam zu lesen sein, geben aber in den seltensten Fällen tatsächlich die Sprache der Jugendlichen wieder. Häufig wirken diese Ansammlungen ulkiger Vokabeln, die Jugendliche angeblich benutzen, fast so, als hätten professionelle Comedy-Autoren ein Wochenende lang zusammengesessen, um sich lustige Synonyme wie *Rentner-Bravo* für *Apotheken Umschau* auszudenken. Man muss sich den verzweifelten Redakteur einmal vorstellen, der ein ganzes Jugendwörterbuch füllen muss: Da fährt er mit gezücktem *iPad* den lieben langen Tag in der U-Bahn hin und her, nur um jedes noch so bescheuerte Wort aufzuschnappen, das einem einzelnen Teenager einmalig über die Lippen kommt, und es postwendend zum offiziellen *Slang*-Ausdruck zu erklären.

Echte neue Formulierungen, die wirklich aus der Jugendsprache kommen, sind hingegen rar gesät. Die meisten werden nur von einer so kleinen Gruppe und obendrein für einen so extrem kurzen Zeitraum benutzt, dass man sie kaum einer allgemeinen Jugendsprache zuordnen kann. Ohnehin unterscheiden sich Jugendsprache und Standardsprache voneinander nicht so sehr durch unterschiedliches Vokabular als vielmehr durch eine andere Benutzung der allgemein gebräuchlichen Wörter und der geltenden Grammatik.

Die echten neuen Jugendwörter sind extrem flüchtig – in dem

Moment, in dem sie Teil der Standardsprache werden, gehören sie schon nicht mehr zum *Slang* der Jugend.

Slang ist der durchgescheuerte Hosenboden der Sprache.
Truman Capote (1924–1984)

A.C.A.B.

BEDEUTUNG   Abkürzung für *«All Cops Are Bastards»*, zu Deutsch etwa «Alle Bullen sind Drecksäcke»

HERKUNFT   Ein Tattoo, das bei britischen Häftlingen schon immer hoch im Kurs stand; ab den 1980er Jahren von Punks, Hooligans und Skinheads in Form von Aufnähern und Graffiti sowie als genereller Slogan übernommen. Als Beamtenbeleidigung unter Umständen strafbar.

An Hausfassaden sowie auf Stromkästen, Autobahnschildern und Leitplanken kann man zwischen allerlei anderen Zeichen auch die Buchstabenkombination A.C.A.B. finden. Urheber sind meist junge Menschen, die man – je nach persönlichem Blickwinkel – entweder als Graffiti-Künstler oder als Vandalen bezeichnen kann. Auch wenn Ihnen A.C.A.B. bisher noch nie aufgefallen ist, so prophezeie ich, dass Ihnen der Schriftzug in Zukunft ständig über den Weg laufen wird: an Brückenpfeilern, Mauern und auf Güterwaggons – aber auch auf T-Shirts und Kapuzenpullovern.

A.C.A.B. steht für «All Cops Are Bastards». Bei manchem Graffiti ist auf die Punkte allerdings verzichtet worden, sodass der Schriftzug nicht immer als Abkürzung zu erkennen ist. Wörtlich übersetzt bedeutet das Akronym «Alle Polizisten wurden unehelich gezeugt.» Der englische Schmähausdruck *«bastards»* hat inzwischen im allgemeinen Sprachgebrauch viel von seiner genealogischen Indikatorfunktion eingebüßt; zeitgemäß übersetzt heißt es daher «Alle Bullen sind Drecksäcke».

A.C.A.B. reflektiert eine Haltung, die dem für Recht und Ordnung sorgenden Berufstand doch eher kritisch gegenüber steht. Kein Wunder, denn sie hat ihren Ursprung dort, wo man nach eingehender und mitunter handgreiflicher Auseinandersetzung mit den «Freunden und Helfern» hinkommt: im Gefängnis. Hier kam die Farbe jedoch nicht auf die Wände, sondern direkt unter die Haut: In den 1970er Jahren war A.C.A.B. in britischen Gefängnissen eine gängige Tätowierung. Dann fand der Schriftzug in den 1980er Jahren nicht nur Eingang in die Subkultur der Punks, sondern auch in die der Skinheads, Hooligans und «Ultras» (italienisch *ultra* – extrem, lateinisch *ultra* – darüber hinaus). Denn auch wenn sie alle unterschiedliche Parolen brüllen, in ihrer tiefen Abneigung gegen die Polizei sind sie sich dann doch einig.

Immer wieder müssen sich Gerichte damit beschäftigen, ob A.C.A.B. – im juristischen Sinne – nun eine Beleidigung darstellt oder nicht. Die Entscheidungen fallen unterschiedlich aus: Einige Richter argumentierten, dass es sich um die Beleidigung einer «unüberschaubar großen Personengruppe» handele – und somit könne gar keine konkrete Person beleidigt worden sein. Andere wiederum haben Träger von T-Shirts oder Bannern mit einem A.C.A.B.-Aufdruck auch schon zu Geldstrafen verurteilt, da sie sich im Rahmen von Kundgebungen oder ähnlichen Veranstaltungen offensichtlich direkt an vor Ort anwesende Polizisten richteten.

Übrigens: Das Wort «Graffiti» ist vom griechischen *«graphein»* – «schreiben» über das italienische *«graffito»* – «Schraffur» ins Deutsche eingewandert. Den korrekten Singular «Graffito» hat Volker Volksmund inzwischen zugunsten von «Graffiti» abgeschafft und dafür «Graffitis» als Plural etabliert.

Die «Vandalen» wiederum waren ein Germanenvolk, das im Jahre 455 Rom plünderte. Die blinde Zerstörungswut um der Zerstörung selbst willen, die wir heute mit Vandalismus assoziieren, tut den Vandalen des 5. Jahrhunderts übrigens unrecht. Zwar haben König Geiserich und seine Vandalen geplündert, geraubt und zerstört, was das Zeug hielt – sie hatten aber auch einen extrem ausgefuchsten Plan von den Dingen ausgearbeitet, die sie gezielt mitgehen lassen wollten.

«Wow, die Sonnenbrille ist echt voll porno!»

Paula zu Tülay (beide 15), Lob für die treffsichere
Auswahl modischer Accessoires.

VOLL PORNO SEIN

BEDEUTUNG cool, schick, stylisch

HERKUNFT Das altgriechische Wort «porneia» – «Unzucht», bei dem
eine für die Jugendsprache typische Bedeutungsverschiebung hin zum Positiven für ein ansonsten als anstößig
empfundenes Wort stattgefunden hat, wie zum Beispiel
auch bei «geil».

Junge Sprachnutzer greifen immer wieder zur gleichen Methode,
um sich von «den Alten» abzugrenzen: Sie suchen sich ein Wort
aus, das die älteren Sprecher als ungewöhnlich oder sogar anstößig empfinden, und verwenden es als Synonym für «schön»,
«angenehm», «herausragend». Im Verlauf der letzten Jahrzehnte
konnten wir diese Bedeutungsverschiebung etwa bei «cool» oder
«geil» beobachten. Im Laufe der Zeit überträgt sich die neue Bedeutung dann auch in die Standardsprache. Und von da an zeigt
jeder, der immer noch «cool» sagt, wie «uncool» er in Wirklichkeit ist, denn die Jugendsprache hat sich längst ein neues Wort
gesucht.

Ein jüngeres Beispiel für eine solche Bedeutungsverschiebung
ist der im Dialog der Generationen oft zu Irritation und Entset-
zen führende Ausdruck «voll porno». Aber seien sie beruhigt. Die
Auskunft: «Boah, Geschichtsunterricht war heute mal wieder
echt voll porno» lässt nicht zwingend darauf schließen, dass am

Schiller-Gymnasium die wechselnden Beischlafassistenten von Katharina der Großen drankamen. Es bedeutet lediglich, dass die Schüler offensichtlich viel Freude am Geschichtsunterricht hatten – und das ist im Angesicht von PISA doch Grund zur Freude, oder nicht?

Weiteren Anlass zur Freude gibt, dass junge Menschen endlich mal wieder ein bisschen Altgriechisch auffahren: *«porne»* bedeutet «Hure», *«pornos»* ist «der Unzüchtige» und *«porneía»* heißt «die Unzucht». Dass der Begriff an sich gar nicht so anstößig ist, zeigt seine Verwendung in akademischen Kreisen: Es gibt tatsächlich eine Epoche, die Historiker als Pornokratie bezeichnen. Der hintere Wortteil *«-kratia»* bedeutet bekanntermaßen «Macht» und «Herrschaft»: In der Aristo-kratie herrschen die (angeblich) Besten, in der Pluto-kratie die Vermögenden und in der Demo-kratie herrscht (wenn denn alles rund läuft) das Volk.

In der Pornokratie aber herrschten die Huren: Die zwölf Päpste der Jahre 904 bis 963, Sergius III. bis Johannes XII., standen unter erheblichem Einfluss ihrer jeweiligen «Mätressen» (französisch *maîtresse* – Meisterin). Im heutigen Sprachgebrauch bezeichnet der Begriff meistens die Geliebten europäischer Fürsten, deren Einfluss weit über das Zwischenmenschliche hinausging und nicht selten erhebliche politische Macht mit sich brachte. Die Mätressen in der Pornokratie waren ebenfalls höchst einflussreiche Damen, die das Bett nicht nur mit dem Papst, sondern auch mit dem jeweiligen Kaiser teilten. So hatten sie das eigentliche Sagen – sowohl im Reich als auch in der Kirche. Die Geliebte von Sergius III. war als Strippenzieherin sogar so erfolgreich, dass es ihr gelang, den gemeinsamen Sohn als Nachfolger mit dem Papstnamen Johannes XI. auf den Papstthron zu hieven. Ob einer dieser heiligen Väter auch mal ein Dogma – zum Leidwesen seiner Mutter – für «voll porno» erklärte, bleibt unter Kirchenhistorikern umstritten.

Die reiferen Sprachnutzer finden «voll porno» als Beschreibung der neuen Sommerkollektion selbst nach diesen Ausführungen noch immer bedenklich und sähen diesen Ausspruch lieber «ausgemerzt»? Da hab ich einen todsicheren Tipp: Benutzen Sie den Ausdruck einfach so oft es geht selbst! Hier einige Beispiele:

> *«Ihr seid bitte um 9 Uhr wieder hier, das fänd' ich echt voll porno von euch.»*
> *«Hey Kevin, ne Eins in Mathe – das ist ja voll porno!»*
> *«Tobi! Ich hab dich in der Stadt händchenhaltend mit der Tochter von den Schmidts gesehen. Das freut mich aber! Ich hab gehört, die soll voll porno sein!*

Da können Sie Gift drauf nehmen – sobald die uncoolen Alten anfangen so was zu sagen, ist «voll porno» wieder ruckzuck raus aus der Jugendsprache.

Übrigens: Der Begriff «ausmerzen» kommt aus der Schafzucht: Jedes Jahr im März wurden die für die Zucht ungeeigneten Tiere, das sogenannte Märzvieh, aus der Herde aussortiert.

«Könnt ihr bitte aufhören zu spoilen?
Ich möchte den Film auch noch sehen!»

Christian (25) in dem Bemühen, sich
sein Filmvergnügen zu erhalten.

SPOILEN / SPOILER

BEDEUTUNG 1. hässliches, flossenförmiges Bauteil am Autoheck, das den Luftwiderstand beeinflusst; 2. Information, die den Ausgang einer Erzählung verrät

HERKUNFT Vom englischen «to spoil», das sowohl «stören» (wie unter 1.) als auch «verderben» (wie unter 2.) bedeuten kann.

Hat ein Wort verschiedene Bedeutungen, so handelt es sich entweder um ein *Polysem* oder um ein *Homonym*; je nachdem, ob die Wörter einen gemeinsamen Ursprung haben wie bei «Fön» und «Föhn» (Wind) (Polysem) oder einfach nur zufällig im Laufe von Jahrhunderten einen gleichen Klang entwickelt haben wie bei «der Arm» und «arm sein» (Homonym). Das Wort «Läufer» soll die meisten unterschiedlichen Bedeutungen haben, darunter: Sportler, Teppich, Spielfigur im Schach, junges Schwein ... um nur einige zu nennen.

Kinder machen daraus ein Spiel, bei dem der eine erraten muss, an welches Wort mit zwei oder sogar mehr Bedeutungen der andere gerade denkt: Teekesselchen. Die erste Erwähnung dieses Spiels findet sich übrigens in dem 1896 in den USA erschienen Buch *The book of a hundred games* von Mary White. Wieso das Spiel darin ausgerechnet den Namen «*Teapot*», zu Deutsch «Teekessel», trägt, ist leider unbekannt.

Ein relativ neues Teekesselchen ist das Wort «Spoiler». Hierzulande hat es vor allem als Bezeichnung für das hässliche Teil, das der Nachbar nachträglich an seinen *GTI* schraubt, traurige Berühmtheit erlangt. Dieser Spoiler ist das einzige Ding, das aerodynamische Eigenschaften verbessern und gleichzeitig ästhetische Eigenschaften verschlechtern kann.

Das Wort «Spoiler» hat jedoch mittlerweile noch eine weitere Bedeutung hinzugewonnen, von der inzwischen auch die dazugehörige Verbform «spoilen» existiert. Das englische Verb «*to spoil*» bedeutet unter anderem stören; daher hat auch die Heckflosse am Auto ihren Namen, weil sie den eigentlichen Verlauf des Luftstromes stört bzw. begünstigend umlenkt. «*To spoil*» bedeutet aber auch «ruinieren» oder «verderben». Wenn also jemand verrät, wie das Buch ausgeht, auf dessen Ausgang man schon seit Tagen hinfiebert, so verdirbt er einem das Lesevergnügen – er spoilt.

Kurz nach Erscheinen der letzten *Harry-Potter*-Bände kamen bösartige Menschen auf die Idee, T-Shirts anzuziehen, auf denen zu lesen war, welcher Charakter sterben und wer welches dunkle Geheimnis offenbaren würde. Eine solche Information, die einem das spannungsgeladene Lese- oder Filmvergnügen verdirbt, ist ein *Spoiler*.

Internetdatenbanken und Foren haben natürlich dazu beigetragen, das Spoilen wesentlich zu vereinfachen und die Reichweite von Spoilern zu erhöhen. Inzwischen sind aber viele Internetseiten dazu übergegangen, einen Absatz, in dem zu viel über die Handlung eines Buches oder Filmes verraten wird, mit der Warnung «*Spoiler Alert*» zu versehen.

PIMPEN

BEDEUTUNG etwas durch Hinzugeben von Extras verbessern

HERKUNFT Auf extrem komplizierte und kaum zu glaubende Weise
vom englischen Wort für Zuhälter «pimp» abgeleitet.

Man kann alles Mögliche pimpen: Fahrräder, Klamotten, Autos,
ja offensichtlich sogar Dosensuppe. Das Wort ist über das Musik-
fernsehen in die Umgangssprache gelangt. Zwischen 2004 und
2007 lief auf *MTV* die Sendung *Pimp My Ride*, was frei übersetzt
so viel heißt wie *Motz meine Karre auf.* «Aufmotzen» hat übrigens
nichts mit «motzen» im Sinne von «meckern» zu tun, sondern leitet sich von dem alten Wort «üfmutzen» für «schmücken» ab. Als
Moderator führte Rapper *Xzibit*, bekannt durch Hip-Hop-Songs
wie *Paparazzi* und *X*, durch die Show, in der nahezu schrottreife
Autos mit Hilfe fleißiger Schrauber zuerst tiefergelegt und ver-
spoilert, dann mit DVD-Playern und Surround-Sound-Anlagen
ausgestattet und schließlich rallygestreift und plüschbezogen
wurden. Ein Vorgang, den man im US-amerikanischen Englisch
mit dem Ausdruck *«to pimp a car»* bezeichnet.

Das Fernsehformat war so beliebt, dass bald halbironische
Ableger über den Bildschirm liefen, in denen unter dem Motto
«Pimp My Whatever» dann auch Hundehütten oder Fahrräder
aufgemotzt wurden. Doch damit nicht genug: Das Wort war eine

Zeitlang so beliebt, dass eine internationale Burgerbraterei in Deutschland mit «*Pimp My Burger*» (geht gerade noch) und eine deutsche Bank tatsächlich mit «*Pimp My Money*» warb (geht gar nicht). «*Pimp my* ...» wurde zu einer ungemein beliebten Wortkombination, die bestenfalls für eine Verbesserung, ohne Zweifel aber für eine Anbiederung ans Jungvolk stand. Ob die Werbeagenturen, die ihren Kunden damals empfahlen, auf diesen Slogan zu setzen, immer wussten, was ein *pimp* tatsächlich ist, erscheint dabei fraglich.

Die Sendung *Pimp My Ride* legte Autos tiefer, setzte reichlich Bling-Bling ins Armaturenbrett, zog leopardengemusterte Plüschbezüge auf die Sitze und lackierte Flammenmuster oder Rallyestreifen auf die Seiten – anders gesagt: Die Sendung verwandelte normale Autos in Zuhälterkarren. Denn bereits seit dem 17. Jahrhundert heißt der professionelle Beischlafmanager im Englischen «*pimp*». Entlehnt haben die Engländer das Wort, wie alles, was man dort mit Schweinereien assoziiert, von den Franzosen. «*Pimper*» bedeutet so viel wie «sich adrett kleiden».

Übrigens: Das Wort «Tuning» passt eigentlich gar nicht so gut zum Aufmotzen, denn «*to tune*» bedeutet angleichen. Und hier wird nix angeglichen, sondern gehörig gegen den Strich gebürstet!

«Ich kann jetzt nicht! Lodernde Herzen *fängt gleich*
an! Du weißt doch, das ist meine Lieblingssoap!»

Angelika (40) hat keine Zeit, sich um die Bedürfnisse
ihres Freundes zu kümmern, da gerade Jenny von
Saarfeld ihrem Exfreund Alex gesteht, dass Henry
ihr Halbbruder ist, früher aber ihre Halbschwester
Henriette war und in den Kongo gereist ist, um dort
den eigentlich für tot erklärten Vater der beiden zu
suchen, und in Wirklichkeit sie und nicht der blinde
Hausmeister das Feuer in der Agentur gelegt hat.

SOAP / SOAP-OPERA / SEIFENOPER

BEDEUTUNG dramatische (Endlos-)Erzählung in Serie
HERKUNFT   Die ersten Finanziers solcher Serien im US-Rundfunk.

Zu einer guten *Daily Soap* gehört das Waschen schmutziger
Wäsche: Es geht um geheime Liebschaften, rasende Eifersucht,
unverhoffte Erbschaften, heimtückische Intrigen, plötzlichen
Gedächtnisverlust, schockierende Seitensprünge, ungewollte
Schwangerschaften, tragische Krankheiten – um Seife geht es
jedoch eher selten. Nichtsdestotrotz hat ganz normale Seife dafür
gesorgt, dass diese Serien über Liebe, Lust und Leidenschaft überhaupt in die Wohnzimmer gelangten.

In den USA gab es zunächst keinen öffentlich-rechtlichen
Rundfunk. Das Radio- und Fernsehprogramm wurde ausschließlich von privaten Sendern bestritten, die ihre einzelnen Program-
me an Firmen verkauften, die dann als Sponsoren oder sogar
Produzenten der Sendung auftraten. So können sie ihre Produkte
über das Radio einem Massenpublikum anpreisen. Die Firmen

suchten sich natürlich Sendungen aus, die irgendwie zu ihren Produkten passten: Eine Zahnpasta präsentierte den Komiker Bob Hope und eine Marke für Heizkohle sowie ein Reifenhersteller waren Sponsoren der Krimiserie *The Shadow* mit Orson Welles.

Doch das waren Sendungen, die im Abendprogramm liefen, tagsüber hörten aber vor allem Hausfrauen hin. Das brachte Firmen wie Procter & Gamble und Colgate-Palmolive auf den Plan. Für die weiblichen Ohren sendeten die Radiostationen um diese Zeit Familien- und Liebesgeschichten – präsentiert von Seifenproduzenten. Procter & Gamble, in Deutschland vor allem bekannt für Waschmittel, Windeln und Shampoos, produzierte ab 1937 eine Serie mit dem Namen *The Guiding Light*. Die Sendung lief 15 Jahre im Radio, bevor sie in den 1950er Jahren ins Fernsehen wechselte. In Deutschland lief die Serie einige Jahre unter dem Titel *Die Springfield Story*.

Das Medium war zwar ein neues, aber sonst blieb alles beim Alten: Liebe, Herzschmerz, Leute, die eigentlich schon längst tot waren, aber trotzdem wieder kamen, und alles präsentiert von Seife, Scheuerpulver und Bleichmitteln: eine Seifenoper.

Übrigens: *The Guiding Light* steht heute im *Guinness-Buch der Rekorde*: Die Serie wurde erst im Jahr 2009 nach insgesamt 72 Jahren (davon 15 im Radio) eingestellt und brachte es allein im Fernsehen auf stolze 15 762 Episoden. In Worten: Fünfzehntausendsiebenhundertzweiundsechzig. Wahnsinn.

«Dass deine Atzen bei mir gebitet haben, war'n derber
Bitchmove, aber die Rhymes auf deinem neuen Track,
das muss ich dir lassen, Digga, die sind echt phat.»

zeitgenössischer Rapslang

PHAT SEIN

BEDEUTUNG super, gut, klasse, prima
HERKUNFT Hippe Schreibalternative zu «fat» – fett.

Wenige Worte zeigen so deutlich, aus welcher Generation man kommt und zu welcher Clique man gehört, wie die Worte, die einem als Synonym für «gut» und «schlecht» über die Lippen kommen. Sind Sie noch aus der Generation «knorke» oder waren Sie schon «groovy»? Ist bei Ihnen vielleicht alles «cool» oder sind Sie schon bei «gediegen» angekommen? Finden Sie Sachen «ätzend» oder «abgefuckt»? Obwohl – die ein oder anderen abgefuckten Gebäude und Klamotten können ja schon wieder echt fett sein …

Als positives Adjektiv war in den letzten Jahren auch «fett» und «voll fett» sehr beliebt: fette Party, fettes Outfit, fette Sache. Zunächst erschien das Wort im Hip-Hop als Beschreibung für gelungene Reime oder Rhythmen – *«phatte rhymes, phatte beats»*. In Rap-Texten findet man das Wort nicht nur in der Variante «fett» (bzw. *«fat»*) mit F, sondern oft als *«phat»* mit ph:

«This is wack …
Oooo, yeah, baby, that's good.
I love you, 'cause ur PHAT.»
SHAGGY AUF DEM ALBUM *ORIGINAL DOBERMAN* (1994)

In den frühen 1980er Jahren wurde *phat* vor allem als Kompliment für attraktive Frauen verwendet. Es entbehrt dabei nicht einer gewissen Ironie, dass man gerade schlanke Frauen als *phat* bezeichnete. Daher wird vielfach spekuliert – oder einfach dreist behauptet –, *phat* sei eigentlich eine Abkürzung, also *p. h. a. t.*, und stehe als solche wahlweise für «*pretty hot and tempting*» – «ziemlich heiß und verführerisch» oder «*perfect hips and thighs*» – perfekte Hüften und Schenkel.

Phat ist aber kein Akronym (schlaudeutsch für Abkürzung); die vielen, vielen Vorschläge, die in diese Richtung weisen, sind allesamt «Backronyme». So nennt man Wörter, deren einzelne Buchstaben erst nachträglich (englisch *back* – zurück, früher) als Abkürzung interpretiert werden, wie etwa bei dem Wort «Ehe», von dem Scherzkekse gern behaupten, es sei die Abkürzung für «*Errare humanum est*» (lateinisch für «Irren ist menschlich»). Besonders beliebt sind *Backronyme* bei der Verballhornung von Markennamen, wie zum Beispiel im Falle von K A W A S A K I: «Kaum auszuhalten, was an Schrott alles käuflich ist». Tatsächlich trägt der japanische Konzern den Namen seines Gründers Shozo Kawasaki.

«*Phat*» ist die bewusst falsch geschriebene Variante des stinknormalen «*fat*» («fett»). Denn in der Jugendsprache gilt es immer mal wieder als cool, Begriffen eine neue, eigene Schreibweise zu verpassen: *boyz and girlz* statt *boys and girls, da best* statt *the best, thanx* statt *thanks* und wie im Text von Shaggy *ur* statt *you are.* Dass in einem einzelnen SMS-Text zunächst nur 160 Zeichen übertragen werden konnten, hat natürlich zur Verbreitung von Schreibvarianten beigetragen, die kürzer sind als die «korrekten» Formen: *cu* statt *see you* und *4U* statt *for you*.

Übrigens: Hier noch eine Anekdote für alle jene, die mit dem *Short Message System* SMS den Untergang der Schriftkultur kommen sehen: Als gegen Ende des 19. Jahrhunderts die Postkarte, damals auch Correspondenzkarte genannt, eingeführt wurde, ging ein Aufschrei durch die Gesellschaft. Diese offenen Kurzbriefe, die noch dazu jeder Zusteller lesen konnte, würden aufgrund der geringen Kartengröße unweigerlich zu Stummelsprache und schließlich zum Verlust der Schriftsprache führen. «So eine Epistel trägt Unglück ins Haus! Fort mit dieser teuflischen Erfindung!», hieß es zum Beispiel damals in einem Leserbrief – der wahrscheinlich nicht per Postkarte eingeschickt wurde.

«Lucy ist nur noch einen Skandal und 5 Pfund von einem It-Girl entfernt!»

Lucys Freundinnen (18 bis 22) sagen ihr eine große Karriere voraus.

IT-GIRL

BEDEUTUNG in Boulevardmedien präsente, attraktive Frau, meistens ohne nennenswerte Zusatzqualifikationen

HERKUNFT Ein Stummfilm namens It.

Gymnasialprofessor Bömmel aus *Die Feuerzangenbowle* würde sich diesem Wort wahrscheinlich so nähern:

«Wat is'n It-Girl? Da stellma uns ma janz dumm und saaren: En It-Girl, det is en bekanntes, viel fotojrafiertes Mädtsche. Und det bekannte, viel fotojrafierte Mädtsche, dat wird aus zwei Jründen jeknipst: einmal, weil et lecker aussieht und den anderen Jrund ... den ... ähm, also den, Jungs, den krijenma späta.»

Die Spezies *It-Girl* lebt in Symbiose mit dem Paparazzo (→ *Paparazzi*) im Blitzlichtgewitter des Mediendschungels. Es imitiert das wilde Leben eines durch seine Kunst populär gewordenen Menschen, ohne selbst etwas geleistet zu haben. Sind Schlagzeilen über ein *It-Girl* vom Aussterben bedroht, sorgt es einfach selbst für einen Skandal: ohne Höschen aus dem Auto steigen, Sex-Videos veröffentlichen, betrunken Auto fahren etc. Somit ist der Lebensraum des *It-Girls* in der öffentlichen Wahrnehmung dann wieder auf Monate hinaus gesichert.

Die Gattung *It-Girl* kann man anhand des Ursprungs ihrer Bekanntheit in drei Arten teilen:

- *It-Girls*, die als Geliebte eines echten Prominenten bekannt wurden,
- *It-Girls*, die Kinder prominenter, reicher Eltern sind,
- *It-Girls*, die tatsächlich etwas können, aber erst durch ihr Aussehen, öffentlichkeitswirksam inszeniertes Privatleben oder Skandale Prominentenstatus erreichten.

Das Wort hat seinen Ursprung in Hollywood. 1927 drehte *Paramount Pictures* den Stummfilm *It*, eine romantische Komödie, in der die Kaufhausangestellte Betty versucht, das Herz ihres Chefs zu erobern; in Deutschland lief der Film später unter dem Titel *Das gewisse Etwas*. Die Produzenten suchten für die Rolle der Betty nach einer ganz besonderen Frau, eben einer Frau mit dem gewissen Etwas. Sie fanden die ideale Besetzung schließlich in der 22-jährigen Clara Bow. Die Schauspielerin war ein sogenannter *Flapper*, eine jener jungen Frauen der 1920er Jahre, die Haare und Röcke kurz trugen, rauchten und hochprozentigen Alkohol konsumierten, die, kurz gesagt, frech und mutig ein ganz neues Frauenbild präsentierten. Elinor Glyn, die Autorin der Romanvorlage *It*, definierte diese spezifische Besonderheit wie folgt:

«It *ist die Kraft, die alle anderen magnetisch anzieht. Hast du* It, *dann bekommst du als Frau alle Männer und als Mann alle Frauen. Du bist selbstbewusst und es ist dir egal, ob du gefällst oder nicht.*»

Clara Bow machte der Film berühmt, sie wurde zu einem der größten Stars bei *Paramount* und ein US-amerikanisches Sexsymbol. Schon damals war die Boulevardpresse auch am Liebesleben dieses ersten *It-Girls* interessiert. Ausführlich wurde über ihre Affären mit dem Horror-Star Bela Lugosi und dem Westernhelden Gary Cooper berichtet.

Alkohol und kurze Röcke sind den *It-Girls* von heute geblieben – das gewisse Etwas aber scheint im Laufe der Jahre leider irgendwo verlorengegangen zu sein.

Übrigens: Der Name «Regenbogenpresse» bezieht sich auf die üblicherweise grellbunte Gestaltung der Blätter, insbesondere deren Titelseiten. Als «Boulevardzeitungen» bezeichnete man zunächst die täglich erscheinenden Zeitungen, die man nicht im Abonnement bezog, sondern vor allem am Zeitungskiosk auf der Straße kaufte (französisch *boulevard* – breite Straße, Prachtstraße).

? Von welcher Redewendung ist hier die Rede? Knobeln Sie ein wenig, bevor Sie auf Seite 112 nachsehen.

NERD

BEDEUTUNG   hochintelligente, aber kontaktarme Person, oft Computer-freaks und Fachidioten

HERKUNFT   Ungewiss und hochspekulativ, vielleicht aus einem Kinderreim der 1950er Jahre.

Spätestens seit dem großen Erfolg der US-amerikanischen *Sitcom* (von englisch *Situation Comedy* – Situationskomik) *The Big Bang Theory* über die Wohngemeinschaft der Physik-Doktoren Sheldon Cooper und Leonard Hofstadter ist der Begriff «Nerd» kein Fremdwort mehr. Im Wesentlichen handelt es sich dabei um jemanden, der folgende Fragen richtig beantworten kann:

A. Wie lautet der zweite Vorname von Captain Kirk?
B. Welche Farbe hat Luke Skywalkers zweites Laserschwert?
C. Wie viel Gigabyte hat ein Terabyte?

Zur Herkunft des Wortes «Nerd» kursieren drei Theorien, die in der wissenschaftlichen Forschung zum Thema gleichberechtigt diskutiert werden:

1.) Das Akronym-Axiom
   Northern Electric aus Montreal, heute unter dem Namen

Nortel bekannt, war das erste Unternehmen, das Telefone in Kanada produzierte. Der Legende nach sollen die Angestellten des Bereichs «Forschung und Entwicklung» das Akronym – Normalsterbliche sprechen einfach von einer Abkürzung – des Abteilungsnamens auf den Arbeitsmonturen getragen haben: *N.E.R.D. – Northern Electric Research and Development.*

2.) Die Umtrunk-Umkehrung

Der Nerd verbringt seine Freizeit vornehmlich mit exzessivem Bildschirmballern, Sammelkartentauschen oder Fantasy-Rollenspielen. Studentenpartys oder anderen Saufgelagen bleibt er fern. Er tut also so ziemlich das Gegenteil von dem, womit sich die Kommilitonen am Wochenende ihre Zeit vertreiben. «*Nurd*» könnte demzufolge die rückwärts gelesene Variante von «*drunk*» (englisch für «betrunken») sein, da im Englischen ein K vor einem N stumm ist, wie in *knight, knife* und *knowledge.* Tatsächlich taucht das Wort in den 1960er und 1970er Jahren manchmal in der Variante «*Nurd*» statt «*Nerd*» auf, wobei die englische Aussprache beider Begriffe quasi identisch ist, wie etwa bei «*absurd*» – «absurd» und *herd* – «Herde»).

3.) Die Kinderreim-Korrelation

Die Bücher von Dr. Seuss, eines der Pseudonyme, unter denen Theodor Seuss Geisel (1904–1991) seine Werke verfasste, sind in den USA Klassiker der Kinderliteratur geworden. In Deutschland sind sie weniger bekannt, einzig der weihnachtshassende Grinch ist durch die Verfilmung *Der Grinch* mit Jim Carey auch hierzulande ein Begriff. In Dr. Seuss' Buch *If I ran the Zoo* (auf Deutsch in etwa *Wenn ich der Zoodirektor wäre*) wünscht sich ein kleiner Junge allerlei Phantasietiere zusammen, weswegen das Gedicht nur schlecht zu übersetzen ist:

«And then, just to show them, I'll sail to Ka-Troo
And bring Back an It-Kutch, a Preep, and a Proo,
A Nerkle, a Nerd, and a Seersucker too!»

Viele halten dieses Gedicht für die erste «urkundliche» Erwähnung eines Nerds. Demzufolge handelt es sich hierbei um ein Wesen, von dem keiner so genau weiß, was es eigentlich ist, entsprungen der blühenden Phantasie eines Kinderbuchautors.

Es gibt keinen Konsens darüber, welche Theorie denn nun stimmt; die nüchternsten Vertreter unter den Sprachforschern vermuten schlicht eine Verwandtschaft zu dem Ausdruck «nuts» (englisch für «verrückt», «durchgedreht»). Jede der drei oben genannten Herleitungen betont jedoch einen bestimmten «Aspekt» (lateinisch *aspectus* – das Hinsehen) des Nerdtums: Der Nerd ist, wie das Tier im Kinderreim, ein Exot. Er verzichtet als moderner Eremit weitgehend auf Sozialkontakte, entsagt daher auch dem *drunk*-Sein und zieht sich lieber zurück in die Sphären von Fantasy, Science Fiction und Technik. So wird er dann zum Experten für *Research* und *Development*, den man so dringend benötigt, wenn der Computer mal wieder nicht läuft.

Übrigens: Die Antworten zu den Fragen für den (Selbst-)Test lauten: A: Tiberius, B: grün, C: 1000.

SWAG / DEN SWAG HABEN

BEDEUTUNG sich (Hip-Hop-)stilgerecht kleiden; inzwischen auch cool, lässig

HERKUNFT Vom englischen «swaggering» – «stolzieren»; «swag» bezeichnet außerdem ein gerolltes Bündel, in dem Wanderarbeiter ihre Habseligkeiten transportierten.

Wer den *Swag* hat, der ist laut Jugendsprache stilecht gekleidet. Gemeint sind vor allem weite, tiefsitzende Hosen mit passendem übergroßem T-Shirt, Baseballcap sowie rund dreizehn Tonnen Goldketten, an denen reichlich glitzernde Anhänger baumeln (*Bling-Bling*). «Swag haben» fängt also bei der Auswahl des richtigen Outfits an – Hip-Hop-Stars sind hier die maßgeblichen Stilikonen (griechisch *eikón* – Bild).

Populär wurde das Wort, wie sollte es auch anders sein, durch vielfache Verwendung in Hip-Hop-Songs: RDX singen *Turn your swag up*, Soulja Boy rappt *Turn your swag on* und der österreichische Aushilfs-Rapper Money Boy versucht sich mit «*Dreh den Swag auf*» an einer Übertragung ins Deutsche.

«*Swag* haben» könnte in den kommenden Jahren auch ein allgemeines Synonym für «schick» und «modisch» werden, also nicht mehr nur auf *Baggy Pants* und *Bling-Bling* bezogen sein – es bleibt abzuwarten, wie es sich in Zukunft durchsetzt. Immerhin wurde es 2011 zum Jugendwort des Jahres gewählt. Dabei ist das Wort viel älter, als man zunächst annehmen mag. Eine der ersten urkundlichen Erwähnungen von *Swag* findet sich beim DJ aus Stratford, MC Shakespeare. In *Ein Sommernachtstraum* sagt der Kobold Puck:

«*What hempen homespuns have we swaggering here*
So near the cradle of the Fairy Queen?»
«*Welch hausgebacknes Volk stolziert hier rum,*
So nah der Wiege unsrer Königin?»

Hier steht «*swaggering*» für den auffallend schwankenden oder aber stolzierenden Gang der Gestalten, die Puck beobachtet. Das Wort kommt ursprünglich aus dem hohen Norden: Das altnordische «*sveggja*» bedeutet «schaukeln» oder «schwanken». Von «*sveggja*» leiten sich zwei englische Wörter mit völlig unterschiedlicher Bedeutung ab: das schon erwähnte «*swaggering*» – «stolzieren», was später auch die Bedeutung «angeben» annimmt, sowie «*swag*» als Bezeichnung für ein großes gerolltes Bündel, in das man seine Habseligkeiten verstaut und sich auf den Rücken schnallt, wenn man auf Wanderschaft geht. Das Bündel bekam seinen Namen vielleicht deshalb, weil es auf dem Rücken hin- und herschaukelt oder weil man wegen des schweren Bündels nur noch schwankend gehen kann; aber das sind nur Spekulationen. Sicher ist hingegen, dass sich das Wort «*sveggia*» vom hohen Norden aus über England im gesamten britischen Kolonialreich verbreitete.

In Australien zum Beispiel gab es um 1890 eine große Zahl mittelloser Männer, die sich auf der Suche nach Arbeit zu Fuß auf die weiten Wege von Farm zu Farm machten; ihre Siebensachen (→ im siebten Himmel) trugen sie dabei stets in einem «*swag*» auf dem Rücken mit sich umher. So kamen diese gesellschaftlich nicht besonders hoch angesehen Männer zu ihrem Namen *«swagmen»*. «Swag» entwickelte sich außerdem recht bald von der Bezeichnung für das Gepäckstück zum Sammelbegriff für all das, was darin herumgetragen wurde. In Australien und auch im englischen *home country* fragte man sich beim Anblick eines *«swags»* oft, ob der Inhalt wohl auch immer rechtmäßig erworben worden war. Daher bedeutet *swag* seit dem 19. Jahrhundert auch «Diebesbeute».

Die Beute krimineller Unternehmungen, als zwielichtig angesehene Gestalten und seltsam schwankendes Umherstolzieren – nach dieser Analyse von «Swag» ist es eigentlich mehr als erstaunlich, dass die Hip-Hop-Szene, die sich ja gern mit der Ruchlosigkeit der Gangsterwelt schmückt, so lange gebraucht hat, um sich als «swag» zu bezeichnen.

KIFFEN

BEDEUTUNG Marihuana rauchen
HERKUNFT   Das arabische Wort «kayf» – «Wohlbefinden».

Streng genommen gehören die folgenden Wörter nicht in diesen
Teil des Buches, denn die meisten sind deutlich älter als 150 Jahre.
Aber da alles rund ums Gras bei Experimenten in der Jugend sehr
häufig zur Sprache kommt, passt die folgende Analyse doch ganz
gut in die Abteilung Jugendslang.

Die Hanfpflanze war schon in der Antike ein wahrer Export-
schlager: Von Zentralasien aus wurde Hanf links wie rechts der
Seidenstraße gehandelt und verarbeitet. Griechen und Ägypter
verarbeiteten die Fasern der Pflanze zu Stoff und schneiderten
Kleidung daraus, in China drehte man Seile aus den reißfesten
Fasern und benutzte Hanf als Medizin. Und in Arabien hatte man
offenbar herausgefunden, dass die Pflanze noch zu etwas ganz
anderem zu geb*rauchen* war, denn das arabische Wort *«kayf»*
bedeutet schlicht «Wohlbefinden».

Rund um den Hanf gibt es aber noch eine Vielzahl weiterer
Begriffe, die eine etymologische Betrachtung wert sind. Dabei
wird schnell deutlich, wie viele Kiffer aus aller Herren Länder am
Rand der Seidenstraße im Kreise saßen, als die sprachliche Tüte
rumging:

«Ganja» ist Sanskrit und der Name der Pflanze selbst, in unserem Sprachgebrauch heißt sie «Cannabis». «Cannabis» wiederum ist griechisch und stammt vom persischen *«kanab»* ab, von dem auch das deutsche Wort «Hanf» abgeleitet ist.

«Marihuana» ist ein Wort aus dem mexikanischen Spanisch, gemeint sind damit die getrockneten Blätter des Hanfs, die man rauchen kann, im Deutschen auch einfach «Gras» genannt. Gras heißt auf Arabisch *«haschisch»*, als «Haschisch» bezeichnet man heute aber verwirrenderweise nicht das Blattwerk, sondern das aus den Blütenblättern gewonnene und anschließend gepresste Harz der Pflanze, das man entweder in einer «Bong» rauchen oder zusammen mit Tabak in den «Joint» bröseln kann.

Eine «Bong» ist eine Wasserpfeife, die zum Beispiel zum Rauchen von Marihuana benutzt wird. Der Name kommt aus Thailand, wo solche Wasserpfeifen seit jeher aus Bambus gefertigt werden.

Der «Joint» ist natürlich englisch und eigentlich ein Begriff aus der Architektur. Unter einem *«joint»* verstand man zunächst einen Raum, der an einen Hauptraum angrenzt (*«to join»* heißt unter anderem «angrenzen»). Da Nebenräume oft zu Abstellkammern verkommen, entwickelte sich *«joint»* im US-amerikanischen Englisch zu einem Synonym für einen schäbigen Raum und schließlich zu einem geläufigen Namen für eine Opiumhöhle. Bald ging die Bezeichnung *«joint»* über auf die Nadeln, mit denen man sich einige der Drogen verabreichte, vermutlich nicht nur weil man es in einem Raum tat, der als *«joint»* bekannt war, sondern auch weil man es *gemeinsam* tat – *«to join»* heißt auch «zu einer Gruppe hinzustoßen».

Seit den 1930er Jahren ist *«joint»* auch ein geläufiger Ausdruck für die oft im Kreis herumgereichte Marihuana-Zigarette, der sich inzwischen auch im Deutschen eingebürgert hat – hier allerdings in der Großschreibung «Joint», weil es sich um ein Substantiv handelt.

LOL – LESSONS IN ONLINE LANGUAGE

Seit vielen tausend Jahren entspringt im Bongo-Massiv der Fluss Lol. Seit noch nicht ganz so vielen Jahren ist LOL auch eine Abkürzung – allerdings nicht, wie die Überschrift suggeriert, für «Lessons in Online Language». Vor allem in der Kommunikation via E-Mail, Chat und SMS steht L.O.L. für «laughing out loud» (laut lachen). Manchmal trifft man auch auf die Abkürzung R.O.F.L. für «rolling on floor, laughing» (sich vor Lachen auf dem Boden kugeln).

Sprachen, die mit lateinischen Buchstaben geschrieben werden, verwenden meist LOL. Nur die Frankophonen brauchen mal wieder eine *saucisse spéciale* (Extrawurst), sie schreiben «mdr» (*mort de rire* – sterbe vor Lachen). Die Nähe zum Mitteldeutschen Rundfunk ist sicherlich nicht beabsichtigt. LOL.

Andere Länder, andere Sitten: In Thailand verwendet man beispielsweise die Ziffern 555, um LOL auszudrücken. Die Zahl 5 wird in Thai nämlich wie «ha» ausgesprochen – 555 bedeutet also «Ha, ha, ha!».

Bereits in den 80er Jahren wurde LOL als Abkürzung verwendet; 2011 ist es durch die Aufnahme ins Oxford English Dictionary geadelt worden und hat inzwischen selbst in die Sprechsprache Einzug gehalten – so wie viele der Ausdrücke, die Sie im folgenden Kapitel finden.

«Error 404 – Not found»
INTERNET, *1989

? Was tut die Person auf diesem Bild? Seite 55 liefert die Lösung.

«Von den 100 neuen E-Mails sind über 80 bloß Spam.»

Regine (30), Bürofachangestellte, nur zwei Minuten
nach dem Hochfahren ihres Computers.

SPAM

BEDEUTUNG unerwünschte Massenmails

HERKUNFT Unglaublich, aber wahr: Spiced Ham, kurz SPAM, Früh-
stücksfleisch in Dosen, das in Großbritannien so unbe-
liebt war, dass Monty Python es in einem Sketch verwurs-
tete.

Wer per E-Mail kommuniziert, bekommt es früher oder später
auch mit sogenannter *Spam-Mail* zu tun – unerwünschte Massenmails, die für dubiose Produkte werben, Webseiten von oft
zweifelhafter Integrität anpreisen oder auf das Schicksal eines
nigerianischen Bankers aufmerksam machen, der einem völlig
selbstlos ein paar Millionen Dollar, Euro oder Pfund schenken
möchte. Diese Nachrichten verstopfen Postfächer, legen manchen Server lahm oder transportieren Viren im Anhang.

Die Untersuchung des Wortes «Spam» offenbart die wohl ver-
rückteste Sprachgeschichte, die mir in meinen Recherchen je
begegnet ist. Sie beginnt in den 1930er Jahren mit US-amerika-
nischem Büchsenfleisch: In Minnesota betreibt der Unterneh-
mer George A. Hormel, Nachkomme deutscher Einwanderer, die
Hormel Foods Corporation. Eines ihrer Produkte ist Frühstücks-
fleisch in Dosen. Die Marke nennt er *SPAM*, eine Verkürzung von
«*SPiced hAM*», also «gewürzter Schinken». In den 1940er Jahren
wird *SPAM* in gewaltigen Mengen nach Großbritannien expor-

tiert, das durch den Krieg von Versorgungsengpässen gebeutelt ist (→ «mit dem Klammerbeutel gepudert sein»). Die Britischen Inseln werden von SPAM geradezu überschwemmt, was dem Produkt bald einen eher zweifelhaften Ruhm einbringt.

1970 setzt die Komikergruppe *Monty Python* der Unbeliebtheit des Dosenfleischs ein filmisches Denkmal: Graham Chapman – der Brian aus *Life of Brian* – sitzt in einem Imbiss und möchte frühstücken. Doch jedes der angebotenen Frühstücksmenüs enthält *SPAM*. Zur Auswahl stehen, von Terry Jones – Brians Mutter in *Life of Brian* – mit grellem Lidschatten und ebenso schriller Stimme nervtötend vorgetragen:

> «*Egg and spam. Egg, bacon, and spam. Spam, egg, spam, spam, bacon, and spam. Spam, spam, spam, spam, baked beans, spam, and spam ...*»

Doch Graham Chapman protestiert immer wieder lauthals:

> «*But I don't like spam!*»

Das Wort «Spam» kommt im Sketch 132-mal vor. Zu guter Letzt stimmen die im Imbiss sitzenden Wikinger noch das Lied *Spam, Spam, Spam, lovely Spam* an, bevor ein Bobby die Szene unter lautem Gepfeife beendet. Typisch Monty Python eben.

Als in den 1990er Jahren die ersten «Chats» aufkamen, füllten Witzbolde die Nachrichtenfenster mit den Wiederholungen der immer gleichen Phrase, sodass die Chatter der eigentlichen Kommunikation gar nicht mehr folgen konnten. Solch ein Vorgehen ist auch unter der Bezeichnung *flooden* (englisch für fluten) bekannt. Einige dieser Chat-Störenfriede erinnerten sich wohl auch an einen der Klassiker unter den *Monty-Python-*Sketchen und schrieben immer wieder «Spam, Spam, Spam ...».

Schließlich wurde der Name «Spam» auch auf die ungewollten Werbemails übertragen, die es schon gab, bevor sie überhaupt einen Namen bekamen.

CC / BCC

BEDEUTUNG neben dem eigentlichen Empfänger einer E-Mail erhalten weitere Personen eine Kopie

URSPRUNG Abkürzung für carbon copy, im deutschen Fachhandel auch noch als Kohlepapier oder Durchschreibepapier erhältlich, allerdings nur, wenn im Lager schon länger nicht mehr aufgeräumt wurde.

Die Buchstabenkombinationen CC und BCC begegnen einem tagtäglich beim Verfassen von E-Mails. Möchte man jemandem eine Kopie zukommen lassen, kann man auswählen, ob der eigentliche Empfänger wissen soll, dass es einen Mitleser gibt (CC) oder nicht (BCC). Das B in BCC steht dabei für «blind», es handelt sich also um eine Blindkopie.

Die Kürzel CC und BCC haben nicht mit der Tsetsefliege zu tun, die man ja auch, wie hier zu sehen, ganz anders schreibt. Das zweite C der Abkürzung CC steht für «*copy*». Sowohl das englische *copy* als auch die deutsche Entsprechung «Kopie» kommen vom lateinischen «*copia*» – «Menge», «Vorrat», was ziemlich ironisch erscheint, ist der Papiervorrat von Kopiergeräten doch ausgerechnet immer dann erschöpft, wenn man es besonders eilig hat. Das erste C von CC steht für «*carbon*» – das englische Wort für «Kohle», «Kohlenstoff» oder «Karbon», wie auch in der chemischen Formel für Kohlenstoffdioxid CO_2.

CC steht also für *carbon copy* und führt damit zurück in eine Zeit, in der Kopien weder per Druck auf die Kopierertaste noch per Mausklick angefertigt werden konnten: Das damalige Hilfsmittel war Kohlepapier, auch Durchschlagpapier, Durchschreibepapier, Blaupapier oder selbstkopierendes Papier genannt, das 1806 in England unter dem Namen *carbonated paper* erstmalig zum Patent angemeldet wurde. Die Funktionsweise ist denkbar einfach: Das beschichtete Kohlepapier wird zwischen zwei Blätter gelegt. Beschreibt man das obere und drückt dabei fest genug auf, gibt das Kohlepapier Farbe auf das darunterliegende Blatt ab. Das funktioniert sowohl mit einem Stift als auch mit Schreibmaschinen.

Inzwischen kommt diese Form der Dokumentenkopie fast nur noch in Quittungsblöcken vor und wird wahrscheinlich bald ganz vergessen sein. Doch im CC bzw. BCC der E-Mails bleibt sie uns glücklicherweise noch erhalten.

Übrigens: So wie infolge aussterbenden Kohlepapiers in Vergessenheit gerät, wofür CC eigentlich steht, wird es wohl auch irgendwann dem Symbol für «speichern» ergehen. Zahllose Computerprogramme verwenden dafür das Piktogramm (lateinisch *«pictum»* – «gemalt») einer 3,5-Zoll-Diskette. Doch schon heute hat die Zahl der Menschen, die noch wissen, dass man auf so einem Ding einmal Daten abgespeichert hat, rapide abgenommen. Es ist vermutlich nur eine Frage der Zeit, bis junge Computernutzer auch fragen: «Wieso klicke ich eigentlich auf dieses komische Rechteck, mit den sich überlappenden Dreiecken, wenn ich etwas senden will?»

Und wo wir gerade dabei sind: Der Name der in Afrika beheimateten Tsetsefliege, vor allem bekannt als Überträgerin der sogenannten Schlafkrankheit, kommt aus der Bantusprache

Setswana und bedeutet «Fliege». Somit ist Tsetsefliege also doppelt gemoppelt, weshalb man langsam dazu übergeht, einfach
nur «die Tsetse» zu sagen.

WIKIPEDIA

BEDEUTUNG   Online-Enzyklopädie und Brockhaus-Killer seit 2001
HERKUNFT   Zusammengesetzt aus dem griechischen Wort «paideia» –
«Bildung» und dem hawaiischen Wort «wiki» – «schnell»

Hawaii 1994. Howard Cunningham, genannt Ward, fühlt sich wie
gerädert (→ «radebrechen») von dem fast sechs Stunden langen
Flug, der hinter ihm liegt. Der Computerprogrammierer hat am
frühen Morgen seine Heimat Beaverton im US-Bundestaat Ore-
gon verlassen, wo er noch Eis von der Windschutzscheibe kratzen
musste – nun blickt er am Flughafen Honolulu auf Palmen und
wird von einer hübschen Hawaiianerin mit «Aloah» begrüßt.
Dass sie Cunningham dabei auch einen Lei, den traditionellen
Blumenkranz, um den Hals gehängt hat, hat er fast nicht mit-
bekommen, denn Cunningham hat seinen Kopf gerade woanders.

Er muss sich beeilen, um seinen Anschlussflug zu erreichen,
denn sein Hotel liegt nicht auf der Insel Oahu, sondern auf Lanai.
Dazu muss er aber zu einem anderen der drei Terminals. Nur wie?
Cunningham ist zum ersten Mal am Honolulu Airport, überhaupt
zum ersten Mal auf Hawaii.

Er wendet sich an einen der Flughafenmitarbeiter. «Keanu»
steht auf seinem Namensschild, auch wenn Keanu Reeves, so
geht es Cunningham durch den Kopf, zwei bis dreimal in den
mächtigen Körper des fröhlich pfeifenden Flughafenmitarbeiters

passen würde. Auf Cunninghams Frage, wie man hier zu einem der anderen Terminals komme, erwidert Keanu nur: «Wiki-Wiki.» Als er den verständnislosen Blick auf Cunninghams Gesicht sieht, holt der Flughafenmitarbeiter weiter aus. «Wiki-Wiki, so nennen wir die kleinen Busse da vorne. Die fahren zwischen den Terminals hin und her. ‹Wiki› ist hawaiisch und bedeutet ‹schnell›. Durch die Wiederholung wird die Bedeutung besonders betont. Wiki-Wiki heißt also ‹sehr schnell›.»

Ward Cunningham bedankt sich und geht zu einem der wartenden Wiki-Wiki-Busse. Das Wort geht ihm nicht mehr aus dem Kopf ...

Die ersten Versuche, ein frei zugängliches Lexikon im Internet anzulegen, trugen die Namen *Nupedia* und *Interpedia*. Das griechische *«paideia»* bedeutet «Bildung» oder «Kindererziehung», so begegnet es uns unter anderem auch in «Pädagogik». *Enkyklios paideia* (griechisch für Enzyklopädie) steht für «allgemeine Bildung» oder «umfassende Bildung». Auch «Lexikon» kommt aus dem Griechischen, *«lexis»* ist gleichbedeutend mit «Wort».

Der Name «Brockhaus» allerdings kommt ausnahmsweise nicht aus Griechenland. Dieser Klassiker deutscher Nachschlagewerke ist benannt nach dem Verleger Friedrich Arnold Brockhaus, geboren 1772 in Dortmund.

Jimmy Wales, ein Internet-Unternehmer und seines Zeichens auch Gründer von *Nupedia*, wurde im Jahr 2000 auf ein System aufmerksam, mit dem es möglich war, Texte im Internet nicht nur zu lesen, sondern auch direkt im Browser zu überarbeiten. Dieses System würde seine *Nupedia*, die derzeit nur langsam vor sich hinwuchs, revolutionieren. Denn noch erforderte die Erstellung von Artikeln sehr viel Zeit und unterschied sich kaum von der Redaktionsarbeit bei gedruckten Enzyklopädien. Dieses neue System, das die Textbearbeitung direkt im Browser und damit in Echtzeit ermöglichte, war von Ward Cunningham programmiert worden, der es nach der Episode am Flughafen von Honolulu auf den Namen *Wiki* getauft hatte.

Jimmy Wales wagte 2001 einen Neustart für seine Online-Enzyklopädie und wählte als Namen ein Kofferwort, also ein Wort, das aus den Teilen anderer Wörter zusammengesetzt ist, wie zum Beispiel *breakfast* (Frühstück) + *lunch* (Mittagessen) = brunch (Brunch). Das neue Portal hieß fortan *Wikipedia*.

Übrigens: Das Wort «Browser» bezeichnet ein Programm, mit dem man Webseiten im Internet überhaupt erst ansehen kann, und kommt vom englischen Verb «*to browse*». Ursprünglich war damit das Verhalten von Schafen gemeint, die langsam und genüsslich eine Wiese «abgrasen». Später kamen auch die Bedeutungen «schmökern» und «stöbern» hinzu.

*«Googelst du bitte mal eben,
wie viele Eier in den Kuchen kommen?»*

Anuschka (34) hat das Rezept
nicht mehr im Kopf.

GOOGLE

BEDEUTUNG   postmodernes Pendant zum Orakel von Delphi; egal worauf wir Antwort erhoffen, erst mal Google fragen

HERKUNFT   Der mathematische Kunstbegriff für 10^{100}, also eine 1 gefolgt von einhundert Nullen.

The Palisades, 1920. Edward Kasner hat sich einen wunderschönen Ort ausgesucht, um auf andere Gedanken zu kommen. The Palisades sind eine Reihe steiler rostbrauner Klippen, die sich wie ein urzeitliches Bollwerk aus dem dichten Baumbestand am Westufer des Hudson River erheben. Das Volk der Lenape nannte sie «Felsen, die wie eine Reihe von Bäumen aussehen». Heute treffen hier die Grenzen der US-Staaten New York und New Jersey aufeinander. Kaum zu glauben, dass dieser wunderschöne, ruhige Fleck nur 16 Meilen vom Trubel Manhattans entfernt ist. Dort arbeitet Edward Kasner als Professor für Mathematik an der Columbia University.

Bei Kollegen und Studenten gilt Kasner als genial, wenngleich auch als ein wenig verschroben. Aber gerade diese Verschrobenheit ist es, die seine beiden jungen Neffen so sehr an ihm schätzen. Auch auf diesen Ausflug hat er die beiden mitgenommen, Milton und Edwin, neun und fünf Jahre alt. Gerade zeigt ihr Onkel in einen Baum hinauf. Als die Kinder seinem Blick folgen, entdecken sie an einem der tief herabhängenden Äste Teebeutel hängen! Teebeutel?! Unter einem Stein im Schatten des Baumes findet Milton Streichhölzer, und Edwin zieht aus einem Busch den kleinen Kessel, den sein Onkel ebenfalls bei einem früheren Spaziergang hier für die Jungen versteckt hat.

Kasner und seine Neffen nehmen also inmitten der Wildnis Platz und kochen Tee. Und nun wandern Kasners Gedanken doch wieder zu dem Problem zurück, das 16 Meilen entfernt im Hörsaal auf ihn wartet. Viele seiner Studenten verstehen nämlich nicht, dass eine unvorstellbar große Menge nicht das Gleiche ist wie eine tatsächlich unendliche Menge. Hätte die immens große Zahl jedoch einen Namen, denkt Kasner, so würde es den Studenten sicher leichter fallen, den Unterschied zwischen «unfassbar groß» und «unendlich groß» zu verstehen. Denn dann könnte man schließlich an den Namen dieser unbegreiflich großen Zahl ein «plus eins» hinzufügen und jeder würde sehen, dass die Zahl zwar unglaublich groß, aber eben doch endlich ist.

Kasner wendet sich an seine Neffen, die im Gras liegen und beobachten, wie Sonnenstrahlen durch das dichte Blätterdach dringen, und fragt sie: «Wie würdet ihr eine große Zahl nennen? Also eine richtig große Zahl, die so groß ist, dass man sie kaum aufschreiben kann. Nicht bloß 100 oder 1000. Sagen wir eine 1, an der noch 100 Nullen dranhängen. Ein Wort das nach vielen Os klingt, vielleicht.»

Milton und Edwin sehen sich an, murmeln Silben vor sich hin und werfen sie einander zu. «Googol», antwortet der neunjährige Milton schließlich. Vielleicht dachten die Jungs gerade an Barney Google, einen neuen Comicstrip, der im vorangegangenen Jahr auf den Sportseiten verschiedener Zeitungen aufgetaucht war. Vielleicht ist ihnen das Wort aber auch selbst eingefallen. Kasner jedenfalls gefällt *«googol»*. «Und eine noch größere Zahl?», fragt Kasner weiter. «Die heißt dann googolplex», erwidert Milton. «Dafür schreibt man dann eine 1 und so viele Nullen, bis man müde wird», fügt er lachend hinzu.

Edward Kasner benutzte die Wortschöpfungen seiner Neffen ab den 1920er Jahren in Vorlesungen und Vorträgen. Durch die Erwähnung von «googol» und «googolplex» in seinem Buch *Mathematics and the Imagination*, das 1940 erschien, wurde das Wort dann zum mathematischen Fachbegriff. Die wissenschaftlich korrekte, aber etwas sperrige Bezeichnung für eine 1 mit 100 Nullen lautet «zehn Sexdezilliarden».

1998 entwickelten die beiden Informatikstudenten Larry Page und Sergey Brin an der kalifornischen Stanford University eine neue Suchmaschine. Das Programm sollte einen Namen bekommen, der die unfassbare Vielzahl der Suchergebnisse widerspiegelte, die bei einer Recherche möglich wären. In einem Mathematikbuch wurden sie fündig. Ironie des Schicksals, dass eine Anfrage bei Google inzwischen neben dem richtigen Hinweis auch mindestens ein Googol an unnützen Suchergebnissen produziert.

Übrigens: Der Sitz von Google Inc. in Mountain View, Kalifornien heißt seit 2003 Googleplex.

«In dem Level gibt's einen Bug, du solltest dir dringend den Patch dafür runterladen.»

Hannes (38) weiß genau, wie man die Probleme im Computerspiel beheben kann.

BUG

BEDEUTUNG Fehler in einer Computersoftware

URSPRUNG Die Störungen in der Hardware von Maschinen, die tatsächlich von Käfern verursacht wurden.

Das englische Wort «bug» ist ein Sammelbegriff für alles Kleingetier, das da «kreucht und fleucht» (frühneuhochdeutsch für «kriecht und fliegt») – also für Insekten. Es ist allerdings kein zoologisch präziser Ausdruck, vergleichbar mit dem deutschen Wort «Vieh», das seinen Bedeutungshorizont so sehr erweitert hat, dass es nicht mehr nur Nutztiere, sondern inzwischen jedes Tier einschließt (Viech).

Schon im 19. Jahrhundert bezeichnete man technische Fehler im englischen Sprachraum manchmal als *bugs*. In den Aufzeichnungen des Erfinders Thomas Edison aus dem Jahr 1847 findet man zum Beispiel folgende Erwähnung:

«Das Ding funktioniert nicht mehr. ‹Bugs› – wie solche kleinen Fehler und Schwierigkeiten genannt werden – zeigen sich.»

Dahinter steckt die Vorstellung, ein echtes Insekt könne für die Fehler im System gesorgt haben: Motten, die in die Schaltkreise flogen und einen Kurzschluss auslösten, Käfer, die Drähte anknabbern oder Insekten, die Lochkarten anfraßen und sie so für die Lesemaschinen unbrauchbar machten.

Grace Hopper (1906–1992), eine Pionierin auf dem Gebiet der Computer, war eine beeindruckende Frau: 1934 machte sie in Yale ihren Doktor in Mathematik, 1943 trat sie mit vielen anderen Frauen freiwillig in die US Navy ein. Im Auftrag der Marine arbeitete sie in Harvard an der Entwicklung des ersten US-amerikanischen Computers mit. Grace Hopper, die in Fachkreisen als «Mutter der Programmierung» und «First Lady of Software» verehrt wird, verließ die Marine erst im Alter von 60 Jahren als eine der ganz wenigen Frauen im Admiralsrang.

Und Admiral Hopper ist unter anderem auch dafür verantwortlich, dass der Begriff «*bug*» auch – und heutzutage vor allem – Fehler in Computerprogrammen bezeichnet: Als sie 1947 in Harvard forschte, wurde ein Relais des Computers, an dem sie gerade arbeitete, von einer Motte beschädigt. Nicht schlecht für einen kleinen Falter: Die Maschine namens Mark II, die er lahmlegte, war 16 Meter lang und wog 5 Tonnen. Grace Hopper barg die tote Motte aus dem Rechner, verewigte sie mit einem Klebestreifen im Forschungstagebuch und schrieb daneben:

«First actual case of bug being found.» – *«Das erste Mal, dass ein Bug tatsächlich gefunden wurde.»*

Das Tagebuch mit Motte befindet sich heute in einem Computermuseum der US-Marine in Dahlgren, Virginia.

NAMEN, DIE DAS
DREHBUCH SCHRIEB

Wer Filme liebt, kommt in gewissen Lebenslagen einfach nicht umhin, ein Filmzitat anzubringen. Steht man am Bug eines Schiffes, so führt einfach kein Weg daran vorbei, die Arme auszubreiten und wie Leonardo DiCaprio in *Titanic* zu brüllen: «Ich bin der König der Welt!» Bei Verhandlungen wiederum senkt man die Stimme plötzlich zu einem heiseren Flüstern und murmelt wie Marlon Brando in *Der Pate*: «Ich mache ihm ein Angebot, das er nicht ablehnen kann.» Und wer blöd danebensteht wie bestellt und nicht abgeholt, der zitiert Jennifer Grey aus *Dirty Dancing*, die dort zu Patrick Swayze den bedeutungsschwangeren Satz sagt: «Ich habe eine Wassermelone getragen.»

Die Namen der beteiligten Schauspieler sind oft viel bekannter als die Rollennamen der Filmfiguren, die sie darstellen. In den hier angeführten Beispielen sind das Jack Dawson, Don Vito Corleone, Baby Houseman und Johnny Castle. Umso kurioser also, dass gleich drei Rollennamen aus Drehbüchern zu geflügelten Worten wurden.

«Also Esmeralda ... Villa Lobos ... Ist das mexikanisch?»
«Der Name ist spanisch, aber ich bin Kolumbianerin.»
«Dein Name macht richtig was her, Schätzchen.»
«Danke. Und wie ist Ihr Name?»
«Butch.»
«Butch ... Und was bedeutet das?»

«Ich bin Amerikaner, Süße. Unsere Namen bedeuten einen Scheiß.»

Butch (Bruce Willis) und Esmeralda Villalobos (Angela Jones), *Pulp Fiction*, 1994

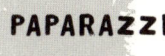

PAPARAZZI

BEDEUTUNG aufdringlicher Foto-Großwildjäger, der im Großstadtdschungel lauernd Schnappschüsse von Prominenten macht

HERKUNFT Der Name einer Figur in einem Film von Federico Fellini.

Genau wie bei Graffiti (→ A.C.A.B.) ist der eigentlich korrekte Singular von Paparazzi, nämlich Paparazzo, im Deutschen kaum noch anzutreffen. Paparazzi gab es schon, bevor ihre Berufsgruppe überhaupt einen Namen bekam. Schon 1898, nur wenige Stunden nachdem Otto von Bismarck verstorben war, drangen zwei Fotografen unerlaubt in das Sterbezimmer des Reichskanzlers ein und machten Fotos vom Leichnam. Über eine Annonce (von französisch *«annoncer»* – «bekanntmachen») wollten die Fotografen die Bilder meistbietend verkaufen. Sie erhielten jedoch nicht das Höchstgebot in einer Rekordhöhe von 30 000 Reichsmark, sondern lediglich eine Zuchthausstrafe.

Ein Fotograf, der immer wieder versuchte, Bilder lebender Prominenter mit und ohne deren Erlaubnis zu schießen, war der Italiener Tazio Secchiaroli. Im Rom der 1950er Jahre gab es für ihn eine ganze Reihe berühmter Leute zu knipsen, denn Rom war beliebt bei zahlreichen Hollywood-Stars: Gregory Peck, Peter Sellers, Elizabeth Taylor und Anthony Quinn – sie und noch viele andere genossen das Flair der Ewigen Stadt, speisten in den besten Restaurants und machten die Hotels an der Via Veneto, unweit der Fontana di Trevi, zu ihrem zweiten Zuhause. Doch nicht nur Filmstars fanden Gefallen an Rom: Auch der 1952 gestürzte König von Ägypten – Faruk, der I. und Einzige –, ging nach Rom ins Exil. Der König ohne Land genoss das Essen an der Via Veneto sichtlich, denn bald schon drohte er aus seinen prunkvollen Paradeuniformen zu platzen. Als Tazio Secchiaroli eines Tages Bilder vom König in einem Café schoss, verlor der mollige Monarch die Fassung, warf einen Tisch um und verfluchte den frechen Fotografen.

Den Regisseur Federico Fellini inspirierte diese Geschichte zu seinem Film *La Dolce Vita*, der 1960 gedreht wurde. Weltbekannt wurde die Szene, in der Anita Ekberg und Marcello Mastroianni zusammen in den Trevi-Brunnen steigen. Mastroianni spielt in dem Film einen Boulevard-Journalisten (→ It-Girl), der in exklusiven römischen Clubs dem süßen Leben der Prominenten nachspürt und dabei auf Schritt und Tritt von Fotografen begleitet wird, die ihrerseits auf der Jagd nach skandalträchtigen Fotomotiven sind.

Secchiaroli lieferte nicht nur die Idee zum Film, Fellini heuerte ihn auch als Berater und Setfotograf an. Klar, dass dann im Drehbuch auch eine Figur auftauchte, die an Secchiaroli erinnerte. Den Namen für diese Rolle fand Fellini angeblich, als ihm beim wahllosen Blättern in einem Reiseroman der Name eines Hotelbesitzers, Coriolano Paparazzo, ins Auge stach.

So stand ein Hotelbesitzer aus einem Reiseroman Pate für den Namen einer Filmfigur, die an einen realen Promifotografen angelehnt war und schließlich zur Bezeichnung für all jene wurde, die sich auf die Jagd nach Promischnappschüssen machen.

Übrigens: Auch der Name Zampano stammt aus einem Drehbuch Federico Fellinis (→ «der große Zampano»).

? Welches Adjektiv ist hier dargestellt? Auf Seite 65 finden Sie die Antwort!

«Unser Abteilungsleiter gibt mal
wieder den großen Zampano.»

Ulrike (34) mag es nicht, wenn ihr Chef
denselbigen allzu deutlich raushängen lässt.

DER GROSSE ZAMPANO

BEDEUTUNG   Anführer, Big Boss, große Nummer
HERKUNFT   Der Name einer Figur in einem Film von Federico Fellini.

Im Jahr 1975 sprach Hitparaden-Moderator Dieter Thomas Heck: «Hier ist der Freddy, der Breck, die Nummer sechs!», und der Freddy, der Breck, der sang:

> «Denn wohin der Wind uns weht und wohin die Reise geht,
> weiß allein der große Zampano, denn der bestimmt das sowieso.
> Und wohin der Strom uns treibt, was von unserm Leben bleibt,
> steht im dicken Buch schon irgendwo
> beim großen Zampano!»

Im Schlager, zumindest in diesem konkreten Fall, ist also mit «der große Zampano» Gott gemeint. Aber eigentlich kann jeder in einer Führungsposition ein großer Zampano sein, vorausgesetzt er macht dabei auch ordentlich Getöse. Stille Führungskräfte, die auf Mehrheitsentscheidungen setzen und sich weniger als Chef denn als «primus inter pares» (lateinisch für «Erster unter Gleichen») sehen, versieht man selten mit dem Etikett «Zampano».

Wenn man den Namen laut deklamiert und die Vokale dabei

dramatisch in die Länge zieht wie ein Sportkommentator, kann man erahnen, wer den Namen Zampano als Erster trug.

«Wir präsentieren: den großen Zaaaampaaaanoooooooo!»

Ganz klar: der Zampano war ein Artist, wenn auch kein echter, sondern ein fiktiver (lateinisch *fingere* – erdichten). Er stammt wie der Paparazzo (→ «Paparazzi») aus einem Film von Federico Fellini: 1954 drehte der italienische Regisseur den Film *La Strada – Das Lied der Straße*: Darin zieht ein grobschlächtiger Schausteller, gespielt von Anthony Quinn, mit einem zerschlissenen Planwagen von Dorf zu Dorf und stellt auf den Marktplätzen seine Kraft zur Schau. Auf dem Höhepunkt seiner Darbietung sprengt er regelmäßig eine Kette, die man zuvor um seine Brust gelegt hat. Der Rollenname von Anthony Quinn in diesem schwarzweißen Melodrama: der große Zampano.

1957 bekommt *La Strada* sogar den Oscar für den besten fremdsprachigen Film und wirft damit einen deutschen Konkurrenten aus dem Rennen: *Der Hauptmann von Köpenick*. Ein Film, in dem Heinz Rühmann im Grunde ja auch einen auf «großer Zampano» macht.

Übrigens: Auch der Fotograf Paparazzo ist eine Figur aus einem Film Fellinis (→ *Paparazzi*).

*«Der Otto Normalverbraucher trinkt
pro Jahr 109 Liter Bier.»*

Staartist'schsss Bunsssamt. Hicks.

OTTO NORMALVERBRAUCHER

BEDEUTUNG Das personifizierte Durchschnittsmaß aller deutschen
Dinge.

HERKUNFT Der Name einer Figur aus dem Film Berliner Ballade von
1948.

Der Film *Berliner Ballade* war eines der ersten Filmprojekte der
deutschen Nachkriegszeit. Der Kabarettist Günter Neumann
schrieb das Drehbuch zu dieser Satire über das harte Leben im
zerstörten Berlin. In der Hauptrolle Gert Fröbe, der hier sein Debüt
als Filmschauspieler gab. Alle, die ihn nur als rundlichen Räuber
Hotzenplotz oder wohlgenährten Bond-Bösewicht namens Auric
Goldfinger vor Augen haben, werden ihn kaum wiedererkennen,
denn durch die *Berliner Ballade* geistert er als ausgemergelter,
gerade heimgekehrter Wehrmachtssoldat. Er träumt im entbeh-
rungsreichen Nachkriegsberlin von fetteren Zeiten. Der Name
seiner Rolle in dieser melancholischen Satire: Otto Normalverbraucher.

Neumann, der übrigens auch die Drehbücher zu *Das Wirtshaus
im Spessart* und den beiden Fortsetzungsfilmen schrieb, wollte
mit der Figur «Otto Normalverbraucher» einen Durchschnitts-
menschen porträtieren, der vom Leben keine Sonderleistungen
zu erwarten hatte. Den Begriff «Normalverbraucher» entlehnte
er von den Lebensmittelkarten, die nach dem Krieg mal wieder

194

im Umlauf waren. Schon 1939 wurden Lebensmittelmarken in verschiedenen Kategorien ausgegeben. Je nach Alter und Arbeitsleistung wurde jedem Bürger eine andere Lebensmittelmenge zugesprochen. Das Spektrum der Marken reichte von «Kind» bis «Schwerstarbeiter», und irgendwo dazwischen lag die Kategorie «Normalverbraucher».

Otto Normalverbraucher, der einst vom Schicksal gebeutelte (→ mit dem Klammerbeutel gepudert sein) Kriegsheimkehrer ist heute ein wohlgenährter Durchschnittskonsument und lebt zusammen mit Lieschen Müller und Erika Mustermann in deutschen Statistiken, Meinungsumfragen und Marktanalysen. Otto hat darüber hinaus auch eine Reihe interessanter Durchschnitts-Verwandter im Ausland. Sein chilenisches Pendant ist *Ningún Nombre*, was so viel heißt wie Kein Name, bei den Dänen ist bei *Herrn* und *Frau Jensen* alles durchschnittlich, die Esten ziehen gern *Tante Muster* als Beispiel heran, *Joe* und *Jane Public* bilden das englische Normehepaar und der Beispielmensch aus Tel Aviv heißt *Israel Israeli*.

BONUS:
SCHIMPFWORTFORSCHUNG

Wer sich von Berufs wegen mit Fluchen und Schimpfen beschäftigt, nennt sich ganz vornehm *Malediktologe* (lateinisch *maledicere* – schimpfen). Diese Forscher haben festgestellt, dass in den meisten Sprachen unserer geographischen Nachbarn sexuell geflucht wird, während man sich im Deutschen mit Vorliebe auf eine fäkale Ebene begibt. Zwar kann man im Englischen durchaus lauthals «*Shit!*» ausrufen, wenn etwas ordentlich danebengeht, sehr viel häufiger ist allerdings ein zünftiges «*Fuck!*» anzutreffen. Die passende Übersetzung für «Scheißkerl» ist «*motherfucker*» oder «*bastard*», beides Begriffe, die zentral mit dem Zeugungsakt verknüpft sind. Das Deutsche hingegen kann noch mit einer ganzen Reihe von Begriffen aus der Abteilung «Feststoffverklappung» aufwarten: Affenarsch, Arschgesicht, Drecksack, Dreckskerl, Mistkerl, Scheißkerl, Scheißkopp ...

Im Niederländischen motzt und mosert man lieber nach englischem Vorbild: «Ich fühl mich scheiße» würde man mit «*Ik voel me kut*» übersetzen, wörtlich: «Ich fühl mich Fotze.» Auch Russen, Türken sowie Portugiesen schimpfen sexuell. Die deutsche Fäkalfluch-Kultur scheint ein Sonderweg zu sein, die Benutzung sexuellen Vokabulars im nichtsexuellen Kontext hat in den zurückliegenden Jahren jedoch auch im Deutschen zugenommen. «Und das ist auch der Grund, warum ich mich vom Schicksal gefickt fühle», ist dafür ein schönes Beispiel aus dem Lied *Jein* von *Fettes Brot*. Deutschland scheint Beitrittsverhandlungen zur Europäischen Sexual-Schmipf-Union aufgenommen zu haben.

> «Jedes Wort kann ein Schimpfwort sein, wenn ich es in belei-
> digender oder feindseliger Absicht gebrauche. Auch das Wort:
> ‹Du ...!› Schimpfen ist eine Wohltat, es befreit.»
> OTTO-EMANUEL KARPF, SCHIMPFWORTSAMMLER AUS: *EIN FALL FÜR*
> *TKKG – DER SCHLANGENMENSCH*

? Welche Redewendung wird gesucht? Lösung auf Seite 83.

«Jetzt check das doch endlich mal, du Honk!»

Lena (22), versucht ihrem begriffsstutzigen
Bruder Malte (18) zum wiederholten Mal
die Abseitsregel zu erklären.

HONK

BEDEUTUNG nur bedingt intelligent, dafür aber reichlich ungeschickt
HERKUNFT Eine Beschimpfung für osteuropäische Einwanderer in
die Vereinigten Staaten von Amerika.

Unsere Sprache ist vielfältig in der Beschreibung der geistig Ein-
fältigen: Idiot, Trottel, Schwachmat – die Liste ließe sich schier
endlos fortsetzen. In den vergangenen Jahren ist ein weiterer Begriff hinzugekommen: Wer sich dumm oder ungeschickt anstellt,
wird als «Honk» bezeichnet, mitunter ist auch eine Verbform anzutreffen: «Das hast du echt voll ‹verhonkt›!»

Oft wird behauptet, *H.o.n.K.* stehe für «Hauptschüler ohne
nennenswerte Kenntnisse», eine herablassende und geschmack-
lose Abkürzung, die bei der Bundeswehr entstanden sein soll.
Zugegeben, unsere Truppe leidet bekanntermaßen an einem besonders schweren Fall von kollektivem AKÜFI (Abkürzungsfim-
mel). Der Akronym-Wahn unserer Armee führt unter anderem
zu absurden Buchstabenketten wie GemVpfl für Gemeinschafts-
verpflegung, StOÜbPl für Standortübungsplatz oder FschJgBtl für
Fallschirmjägerbataillon. Durchaus denkbar, dass da auch einer
auf die Idee kam, Absolventen einer Hauptschule als Honks zu
bezeichnen. Wahrscheinlicher aber ist, dass es sich hier um ein
sogenanntes *Backronym* (von englisch *«back»* – «rückwärts» und

«Akronym») handelt. Das ist ein Wort, das erst im Nachhinein als Abkürzung interpretiert wird, indem die einzelnen Buchstaben zu Initialen eines längeren Begriffes umgedeutet werden (→ «phat»).

Sucht man in anderen Sprachen nach einem Wort, das «Honk» ähnelt, so wird man im US-amerikanischen Englisch fündig: *«Honky-tonk»* ist die Bezeichnung für eine Spelunke. In den 1930er Jahren entwickelte sich im Einzugsgebiet der texanischen Ölindustrie in genau solchen Kneipen, die bevorzugt von Arbeitern besucht wurden, eine Unterart der Country-Musik, die nach ihrem Aufführungsort benannt wurde: die *Honky Tonk Music*. International ist der Begriff durch Songs wie *Honky Tonk Woman* von den *Rolling Stones* bekannt geworden.

Sollte die Musik in diesen meist sehr lauten Bars mehr als nur eine zusätzliche Verstärkung des ohrenbetäubenden Klangteppichs sein, so benötigte man ein Klavier, dessen Klang sich besonders gut durchsetzte. Als ideal für den Einsatzort erwies sich das sogenannte *Honky Tonk Piano*, ein Klavier, dessen Anschläge besonders hart und durchdringend klangen, weil sich die sonst übliche Filzbespannung der Hämmerchen im Laufe der Jahre abgenutzt hatte oder man diese sogar entfernte. Heute behilft man sich, um den typischen Klang eines Honky-Tonk-Klavieres zu erreichen, damit, Reißzwecken in die Hämmerchen zu stecken. Es stellt sich die Frage, ob der Name des Instruments sich von der Bezeichnung für die Kneipen ableitete, in denen es zum Einsatz kam, oder ob die Bars nach dem *Honky Tonk Piano* benannt wurden. Für Letzteres spricht, dass der Wortteil *«Tonk»* wahrscheinlich auf den New Yorker Klavierhersteller «William Tonk & Bros.» zurückgeht.

Bei dem Wortteil *«Honky»* wiederum handelt es sich um ein außerhalb des englischen Sprachraums kaum bekanntes, rassistisches Schimpfwort für Menschen mit weißer Hautfarbe. Die Beleidigung *«Honky»*, die wahrscheinlich seit den 1940er Jahren

in Gebrauch ist, könnte auf ein noch älteres Schimpfwort zurückgehen: «*Bohunk*», ein Begriff, der im 19. Jahrhundert in Zusammenhang mit der dritten Einwanderungswelle in die USA
entstand, die um 1870 einsetzte. Denn das erste Geschenk, das
Neuankömmlinge in der Neuen Welt bekamen, so wollte es bereits seit langem die Tradition, war zunächst einmal ein fieser
Spitzname. Ein großer Teil der Menschen, die sich zu dieser Zeit
nach Amerika aufmachten, kam aus Süd- und Osteuropa. Und so
entstand eine Art «Sammelbezeichnung» aus zwei der vielen verschiedenen Herkunftsländer: Böhmen und Ungarn, englisch *Bo-
hemia* und *Hungary*, ergab zusammengewürfelt: die «*Bohunks*».
Davon blieb lediglich der hintere Wortteil bestehen und wurde
zu «*Honky*», was dann später nicht mehr nur slawische, sondern
– der Einfachheit halber – gleich alle weißen Einwanderer belei-
digen sollte.

Und irgendwann stieg das Wort wieder auf ein Schiff, wurde
unterwegs zu «*Honk*» und kehrte so nach Europa zurück. Liebe
Honks, willkommen zurück in der Alten Welt – schön, dass ihr
wieder da seid!

(ALTE) SCHABRACKE

BEDEUTUNG chauvinistischer Ausdruck für eine Frau, deren Aussehen
dem gängigen Schönheitsideal diametral entgegensteht

HERKUNFT Eine besonders hübsche Satteldecke.

Ein Besuch im Zoo bringt uns der Herkunft dieses Schimpfwortes
auf die Spur. Der Malaysische Tapir oder *Tapirus indicus* ist bei
uns unter dem Namen «Schabrackentapir» bekannt. Diesen Namen trägt er allerdings nicht, weil er mit seinem kurzen Rüssel
und dem pummeligen Körper eher unattraktiv ist, sondern aufgrund seiner charakteristischen Färbung: Er ist am ganzen Körper
schwarz, nur auf dem Rücken ist er weiß. Die weiße Färbung wird
Sattelfleck genannt, weil sie so aussieht, als hätte man dem Schabrackentapir eine Decke über den Rücken geworfen, um anschließend einen Sattel draufzulegen. Eine solche Decke für unter den
Sattel nannten die reiterfahrenen Turkvölker *«Caprak»*, wobei die
erste Silbe *«cap-»* so viel bedeutet wie «bedecken». Im Deutschen
wurde aus der Caprak eine Schabracke.

Herkömmliche Satteldecken sieht man eigentlich nicht – sie
sind in der gleichen Form wie der Sattel zugeschnitten, sodass sie
unter ihm verschwinden. Schabracken aber sind bewusst recht-

eckig und etwas größer als der Sattel, denn sie werden entweder aus besonders schönem Stoff genäht oder aufwendig bestickt, etwa mit dem Wappen oder Initialen des Reiters. Wie ärgerlich, wenn dies gar nicht zu sehen wäre!

Auch in der Inneneinrichtung benutzt man den Ausdruck «Schabracke». Damit wird sowohl eine Stoffbahn bezeichnet, hinter der man die Gardinenstange versteckt, als auch eine Verblendung, mit der man eine hochgezogene Jalousie verdeckt. Wie der Begriff vom Pferderücken an die Gardinenschiene kam, weiß kein Schwein (→ das weiß kein Schwein) – vielleicht weil es auch schmücken sollte oder etwas ver*deckt*.

Hier noch ein Hinweis zur korrekten Anwendung: Eine Schabracke ist, gerade im Fall der Pferdedecke, eigentlich etwas sehr Schmuckvolles! Zur Beschimpfung kann das Wort also nur dienen, wenn man deutlich macht, dass es sich um eine *alte* Schabracke handelt – im neuen Zustand ist sie nämlich eine echte Zier. Aber auch das schönste Stück Stoff ist bei der Verwendung auf einem Pferderücken irgendwann einmal abgewetzt, sodass die ehemals schöne Satteldecke zu einer unansehnlichen «alten Schabracke» wird.

«Dennis kann heute nicht, der hat eine neue Schickse
am Start und die schleppt ihn jetzt zum Shoppen!»

Bogdan (23) bedauert es sehr, dass Kumpel
Dennis (24) nun Jagd auf Schnäppchen
statt auf virtuelle Zombies macht.

SCHICKSE

BEDEUTUNG übertrieben aufgetakelt oder eingebildet – oder gleich
beides zusammen

HERKUNFT Ein Mädchen aus einer christlichen, nicht-jüdischen Familie.

Rotwelsch war im Mittelalter eine Geheimsprache der damaligen
«Unterschicht», und dazu gehörten das sogenannte fahrende
Volk, Bettler und jene Menschen, die Berufen nachgingen, die als
«unehrbar» galten. Der Wortteil «-welsch» steht für etwas Fremd-
artiges oder Unverständliches (wie in «Kauderwelsch»), und die
Silbe «rot» ist identisch mit dem rotwelschen Wort für «Bettler»,
die hier stellvertretend zum Namensgeber wurden. Das Wort
«Rotte» für «Bande» leitet sich ebenfalls von diesem «rot» ab. Frei
übersetzt bedeutet «Rotwelsch» also in etwa «unverständliche
Gaunersprache».

Da die Sprecher des Rotwelschen viel herumkamen, strotzte
ihre Geheimsprache vor Begriffen, die aus anderen Sprachen entlehnt waren, vor allem aus dem Jiddischen, der Sprache der europäischen Juden. Lange blieb das Rotwelsche eine Geheimsprache,
allen anderen unverständlich, bis die Vagabunden im 17. Jahrhundert begannen sesshaft zu werden. Mit den Menschen ließen sich

auch ihre Ausdrücke nieder, und Wörter wie «Kohldampf» für «Hunger» oder «ausbaldowern» für «auskundschaften» wurden Teil der Standardsprache.

Eines dieser vielen Wörter ist auch «Schickse», ein rotwelsches Wort mit jiddischen und hebräischen Wurzeln. Manch eine jüdische Mutter mag ihrem Rabbiner so ihr Leid geklagt haben:

«Oje, guter Rebbe, mein Sohn, der Mosche – er geht aus mit einer Schickse!»

Das hebräische Wort *«schegez»* bedeutet eigentlich «unrein». Nennt man allerdings einen Mann einen «Schegez», so ist gemeint, dass dieser ein Nicht-Jude ist. Er ist unrein, da er nicht nach koscheren Vorschriften, also den jüdischen Reinheitsgeboten lebt. Die weibliche Form des *«Schegez»* ist – richtig, die «Schickse»! Die jüdische Mama beklagt sich demzufolge darüber, dass ihr Sohn mit einer Nicht-Jüdin, wahrscheinlich einer Christin, verkehrt. Im 17. Jahrhundert stellt das noch eine Katastrophe dar. Was wohl die Nachbarn sagen werden?! Und was, wenn er sie zu allem Überfluss am Ende noch zu seiner *«Ische»* macht?! *«Ische»* ist nämlich auch hebräisch und bedeutet «Gattin».

Irgendwann geriet in Vergessenheit, dass «Schickse» eigentlich eine abfällige Bezeichnung für ein nicht-jüdisches Mädchen ist, das Wort wurde ins Deutsche übernommen und zu einem allgemeinen Rundum-Schmähbegriff für Frauen.

*«Ich hab doch nur ein bisschen Make-up und
dann noch Concealer, Eyeliner, Lidschatten,
Mascara und einen Hauch Rouge drauf.
Da bin ich doch noch keine Tussi!»*

Jenny (21) beweist auch beim Brötchenholen Stil und
weist den Vorwurf entschieden von sich, es dabei
womöglich ein wenig übertrieben zu haben.

TUSSI

BEDEUTUNG eine Frau, die (über)reichlich in die Instandhaltung der eigenen Oberfläche investiert

HERKUNFT Die Gattin des Cheruskerfürsten Hermann.

Die Geschichte dieses Schimpfwortes führt uns in eine der langweiligsten Regionen Deutschlands, dorthin, wo sich Ostwestfalen und Südniedersachsen «Guten Tag» sagen – so sie denn überhaupt mal die Zähne auseinanderkriegen.

Irgendwann kurz nach der Zeitenwende lebte ein Mann namens Hermann Cherusker in einem Reihenhaus in Melle, Bünde oder Bielefeld-Brackwede, da ist sich die Forschung noch uneins. Dieser Hermann, den seine alten Kameraden auch Arminius nannten, war als Trainer bei *Arminia Bielefeld* so erfolgreich, dass er in einem entscheidenden Spiel im Jahre 9 *Lazio Rom* eine herbe Niederlage beibrachte. So oder ähnlich hat es sich zugetragen.

Von seinem Sieg über die Römer noch randvoll vollgepumpt mit Adrenalin und Selbstbewusstsein, entführte er eine Frau, die eigentlich schon einem anderen versprochen war – aber man weiß ja, wie Männer drauf sind, wenn die eigene Mannschaft gerade gewonnen hat. Thusnelda, so hieß die Geisel, soll der Ent-

führung durch den stattlichen Hermann aber nicht ganz abge-
neigt gewesen sein.

Wie ein tragischer roter Faden zieht sich das Thema «Ent-
führung» von da an durch das Leben von «dem Hermann seiner
Thusnelda», wie es hier in Ostwestfalen korrekt heißt. Bei einem
weiteren «Scharmützel» (von italienisch *scaramuccia* – «Auseinandersetzung», «Geplänkel») mit den Römern wird Thusnelda
gefangen genommen und als Trophäe nach Rom verschleppt.
Vielleicht war sie eine besonders anstrengende Gefangene, die
den römischen Bewachern so gehörig auf die Nerven gegangen
ist, dass schon damals die Kurzform «Tussi» als Schimpfwort auf-
kam.

Wahrscheinlicher ist jedoch, dass ein Theaterstück dafür verantwortlich ist. Heinrich von Kleist verarbeitete die Geschichte
um Hermann und Thusnelda in seinem Drama *Die Hermanns-
schlacht*, das er 1808 fertigstellte. Dort wird Thusnelda als wunderschöne Blondine dargestellt, in die ein römischer General ganz
besonders vernarrt ist. Kleists Theaterstück gehörte über viele
Schülergenerationen zur Pflichtlektüre im Deutschunterricht. Es
ist hinlänglich bekannt, wie viel Respekt Schüler einem Stoff ent-
gegenbringen, den sie lesen müssen – und so machten die Pennä-
ler aus der Heldin Thusnelda ganz flapsig eine Tussi.

LISTE DER REDEWENDUNGEN UND WÖRTER

HILFREICHE FACHBEGRIFFE

Althochdeutsch
Deutsch, wie es im Frühmittelalter (etwa 750 bis 1050) gesprochen wurde, noch sehr weit entfernt vom heutigen Deutsch. Ein Beispiel aus der Heldenerzählung *Hildebrandslied* aus dem 9. Jahrhundert:

«Ik gihorta dat seggen, dat sih urhettun ænon muotin, Hiltibrant enti Hadubrant untar heriun tuem.»

«Ich hörte das sagen, dass sich als Herausforderer einzeln mühten: Hildebrand und Hadubrand zwischen zwei Heeren.»

→ «sich nicht ins Bockshorn jagen lassen»

Anglizismus
Ein Wort, das direkt oder leicht verändert aus dem Englischen ins Deutsche übernommen wurde, also ein sogenanntes Lehnwort. Das Volk der Angeln lebte ursprünglich in Jütland (heute Dänemark und Schleswig-Holstein), zog dann nach Thüringen und schließlich zusammen mit den Sachsen nach Britannien.

Vielleicht stimmt aber auch, was Graham Chapman als König Artus in *Die Ritter der Kokosnuss* (1975) sagt: *«Ich habe den Sachsen das Angeln beigebracht! Seitdem heißen sie Angelsachsen. Ich bin der König aller Angler!»*

→ «pimpen», → «spoilen»/«Spoiler»

Backronym

Ein Wort, dessen einzelne Buchstaben nachträglich als Abkürzung gelesen werden, ursprünglich aber keine Abkürzung darstellten.

→ «Honk», → «phat»

Etymologie

Erklärung der Herkunft eines Wortes. Das Altgriechische *«etymos»* bedeutet «wahr», *«logos»* heißt «Wort». Etymologie wäre demnach also die Suche nach der Wortwahrheit.

→ dieses Buch

Etymologie ‹ad hoc›

Herleitung eines Wortursprungs, die schlüssig klingt, wissenschaftlich aber vollkommen unbelegt ist und die jemand spontan (lateinisch *«ad hoc»* – «für diesen Augenblick gemacht») aus dem Ärmel geschüttelt (vulgärdeutsch: «aus dem Arsch gezogen») hat. In den meisten Fällen auch noch völliger Mumpitz.

→ «mit dem Klammerbeutel gepudert sein»

Frühneuhochdeutsch

Deutsch, wie es zwischen 1350 und 1650 gesprochen wurde. Ein Beispiel aus Luthers Bibelübersetzung (1545):

«Da er aber das Volck sahe, gieng er auff einen Berg und satzte sich und seine Jünger tratten zu jm und er that seinen Mund auff, leret sie und sprach: Selig sind die da geistlich arm sind, denn das Himelreich ist jr.»

→ «bug»

Gallizismus

Ein Wort, das direkt oder leicht verändert aus dem Französischen ins Deutsche übernommen wurde, also ein sogenanntes Lehnwort. «Galli» ist das lateinische Wort für Kelten, mit Gallien bezeichneten die Römer ein Gebiet, das heute Frankreich, Belgien, Teile Westdeutschlands und Norditalien umfasst.

→ «todschick»

Gräzismus

Ein Wort, das direkt oder leicht verändert aus dem Griechischen ins Deutsche übernommen wurde, also ein sogenanntes Lehnwort. «Graeca» ist die lateinische Bezeichnung für Griechisch.

→ «Banause»

Homonyme

Wörter, die gleich (griechisch *homoios* – gleich) klingen, aber unterschiedliche Bedeutungen haben. Homonyme haben keinen gemeinsamen Ursprung, klingen also nur zufällig gleich, im Gegensatz zu → Polysemen, die ebenfalls gleich klingen, weil sie aber auch gleicher Herkunft sind. Kinder benutzen solche Wörter, um → Teekesselchen zu spielen.

→ «spoilen»/«Spoiler»

Jiddisch

Neben den Schriftsprachen Hebräisch und Aramäisch die Umgangssprache der jüdischen Bevölkerung in vielen Teilen Europas; die südspanischen Juden zum Beispiel sprechen eine andere Sprache, das sogenannte Ladino. Jiddisch ist aus dem Mittelhochdeutschen hervorgegangen und hat Worte aus dem Hebräischen und Aramäischen, aber auch aus slawischen und romanischen Sprachen entlehnt. Ein Textbeispiel aus dem alten Testament: *«Hot got gezogt: zol vern likht. Un es iz gevorn likht.»* / *«Gott sprach: Es werde Licht. Und es wurde Licht.»*

Viele Wörter jiddischen Ursprungs finden sich noch heute im Hochdeutschen, unter anderem Bammel, betucht, Ganove, kotzen, Maloche, → «Schlamassel», Zoff.

→ «Schickse»

Kofferwort

Ein Kunstwort, das aus mindestens zwei anderen Wörtern zusammengesetzt ist, so wie der Begriff «Kofferwort» selbst. In Lewis Carrolls Buch *Alice hinter den Spiegeln* aus dem Jahr 1871 gibt es ein Gedicht, das aus lauter zusammengesetzten Kunstwörtern besteht: Humpty Dumpty, das sprechende Ei auf der Mauer, erklärt Alice, die seltsamen Wörter seien wie Koffer, in die man verschiedene Wörter hineingestopft habe.

→ «Wikipedia», → «Spam»

Mittelhochdeutsch

Deutsch, wie es im Hochmittelalter (etwa 1050 bis 1350) gesprochen wurde, noch recht weit entfernt vom heutigen Deutsch. Ein Beispiel aus dem *Nibelungenlied* aus dem 13. Jahrhundert:

«Uns ist in alten Mæren wunders vil geseit von Helden lobebæren, von grôzer arebeit …»

«Uns wird in alten Geschichten, viel Wunderbares erzählt, von ruhmreichen Helden, von großer Anstrengung …»

→ «sich nicht ins Bockshorn jagen lassen», → «Luder», → «Schmetterling»

Polyseme

Wörter, die gleich klingen, aber unterschiedliche (griechisch *poly* – viel, mehrere) Bedeutungen haben. Polyseme haben einen gemeinsamen Ursprung, im Gegensatz zu → Homonymen, die ebenfalls gleich klingen, aber völlig unterschiedlicher Herkunft sind. Kinder benutzen solche Wörter, um → Teekesselchen zu spielen.

→ «spoilen»/«Spoiler»

Rotwelsch

(Geheim-)Sprache des fahrenden Volkes, der Bettler und derjenigen, die «unehrenhaften» Berufen nachgingen. «Welsch» war ursprünglich ein germanisches Wort für Römer und Kelten und wurde später zum Synonym für «fremdartig». «Rot» steht entweder für «Bettler» oder «faul». Das Wort «Rotte» für «Bande» leitet sich ebenfalls von diesem «rot» ab. Als im 17. Jahrhundert viele der bisher fahrenden Bevölkerungsgruppen begannen sesshaft zu werden, gelangten zahlreiche rotwelsche Ausdrücke in die Alltagssprache.

→ «blau machen/sein», → «Schickse»

Sachsenspiegel

Der Sachsenspiegel ist eine mittelalterliche Gesetzessammlung. Einige Rechtsbräuche, die im Sachsenspiegel beschrieben wurden und schon lange nicht mehr gebräuchlich sind, haben sich als Redewendungen im Deutschen erhalten.

→ «jemandem die Stange halten», → «radebrechen»

Synonym

Wörter, die eine ähnliche oder sogar gleiche Bedeutung haben, nennt man Synonyme. Das Wort kommt aus dem Griechischen: *«syn»* bedeutet «zusammen», *«onoma»* bedeutet «Name».

→ überall in diesem Buch

DANKSAGUNG

Da brat mir doch einer 'nen Storch (S. 115)! Nun gibt es also tatsächlich ein Buch zur Radiosendung *Tiemanns Wortgeflecht*. Ich freue mich darüber wie ein Schneekönig (S. 134)!

An dieser Stelle möchte ich allen phat (S. 155) danke sagen, die mir bei der Arbeit im Radio und an diesem Buch die Stange gehalten (S. 93) haben:

Vielen Dank an Julia Vorrath vom Rowohlt Verlag für die Idee zu diesem Buch und an meine Lektorin Ana González y Fandiño, die den Text nach allen Regeln der Kunst gepimpt (S. 151) hat!

Ein lieber Gruß geht nach Köln an die Redaktion der WDR 5 LebensArt – Danke, dass ihr dem Tiemann jede Woche ein Biotop für akustische Bekloppheiten aller Art bietet. Ein großes Dankeschön gebührt hier meinem Redakteur Rainer Marquardt für das große Vertrauen und die große künstlerische Freiheit, die er mir stets einräumt, und Silke Pradella, die mir mit viel Geduld einen Weg durch das Tohuwabohu (S. 110) aus Formularen und Dokumenten weist.

Außerdem: ein Googol (S. 182) an Dank für Urs und Rike – für alles!

Ein ganz besonderer Dank gilt dem WDR-Hörfunkteam im Studio Münster, «dem kleinen Studio am Rande der Stadt»: Erdmute Haug-Jurisch, Alexander Buske, Jürgen Mönkediek, Otto Wilbrand und Moritz Raestrup. Ihr seid echt voll porno (S. 146)! Die Arbeit weist bekanntlich den Weg!

Was passiert, wenn man auf Spam reagiert?

Spam wird gelöscht und lässt sich erstaunlich gut filtern
– dabei sind die unerwünschten Mails häufig sehr unterhaltsam. Doch was passiert, wenn man tatsächlich eine
der angebotenen Waren bestellen oder eine der abstrusen
Dienstleistungen in Anspruch nehmen will? Sue Reindke
hat mit den Anbietern Kontakt aufgenommen – mit überra-
schenden und vor allem sehr witzigen Ergebnissen.

Sb 022/3 · Rowohlt online: www.rowohlt.de · www.facebook.com/rowohlt

rororo 61125